COCKER SPANIEL
Companheiro alegre e brincalhão

3ª Edição

Nosey's Club I'm a Golden Dream. Cocker spaniel inglês dourado.

MÁRCIO INFANTE VIEIRA

MÉDICO VETERINÁRIO

Cargos ocupados: Fundador e 1º Presidente da Associação Fluminense de Cunicultura; do Centro de Estudos de Informação em Extensão Agrícola; Conselheiro do Alto Conselho Agrícola do Estado de São Paulo; Assistente da Divisão de Medicina Veterinária do Instituto Vital Brasil; Membro do Conselho de Agricultura do Estado do Rio de Janeiro; Fiscal de Carteira Agrícola do Banco do Brasil; Coordenador-Técnico do Banco Central do Brasil; Presidente da Associação Brasileira de Criadores de Coelhos; credenciado pelo Ministério da Agricultura.

COCKER SPANIEL
Companheiro alegre e brincalhão

3ª Edição

SÃO PAULO - SP
BRASIL

2007

PRATA EDITORA E DISTRIBUIDORA LTDA.

Dados Internacionais de Catalogação na Publicidade (CIP)
(Câmara Brasileira do Livro, SP, Brasil)

Vieira, Márcio Infante, 1922-
   Cocker spaniel : companheiro alegre e brincalhão
Márcio Infante Vieira. -- 3. ed.
São Paulo : Prata Editora, 2007

   Bibliografia.

   1. Cocker spaniel 2. Cocker spaniel - Criação 1. Título

97-0433   CDD-636.752

Índices para catálogo sistemático:

1. Cocker Spaniels : Criação   636.752
2. Cocker Spaniels : Zootecnia 636.752

Prata Editora e Distribuidora Ltda.
prataeditora@hotmail.com

   Todos os direitos reservados ao autor, de acordo com a legislação em vigor. Proibida a reprodução total ou parcial desta obra, por qualquer meio de reprodução ou cópia, falada, escrita ou eletrônica, inclusive transformação em apostila, textos comerciais, publicação em websites, etc., sem a autorização expressa e por escrito, do autor. Os infratores estarão sujeitos às penalidades previstas na lei.

Impresso no Brasil / Printed in Brasil

SUMÁRIO

INTRODUÇÃO 9

Capítulo 1 – O COCKER SPANIEL INGLÊS E SUA ORIGEM 11
    Cores 12 – origem 13

Capítulo 2 – ALGUMAS CARACTERÍSTICAS DO COCKER SPANIEL INGLÊS 15
    Tronco 15 – cabeça 15 – crânio 15 – pescoço 15 – membros anteriores 15 – membros posteriores 15 – pernas 15 – pés 16 – altura 16 – pesos 16 – pêlos 16 – cores 16 – andar 16

Capítulo 3 – PADRÃO OFICIAL DA RAÇA COCKER SPANIEL INGLÊS 17

Capítulo 4 – CONVIVÊNCIA DO CÃO COM O HOMEM 21
    Quando o cão fica só 22 – o cocker spaniel e as crianças 22 – o cão sente ciúme 23 – idades do cão e do homem 24 – tabela de correspondência entre as idades do cão e do homem 25 – viagem e transporte do cão 25 – providências para a viagem 25 – documentos exigidos 25 – o transporte 26 – hotéis ou hospedagem para cães 27

Capítulo 5 – ESCOLHA E AQUISIÇÃO DO FILHOTE 29
    A escolha 29 – o filhote na ninhada 29 – objetivo da aquisição 30 – sexo 30 – macho 30 – fêmea 30 – idade 30 – algumas características 31 – documentação 31

Capítulo 6 – DEPOIS DE ADQUIRIDO O FILHOTE 33
Como segurar o cachorrinho 33 – transporte do filhote 33 – chegada à nova casa – 34 para que o filhote se sinta bem 35 – como evitar alguns perigos para o filhote 35 – a cama para o filhote 36 – gaiola para os cães 37 – casinha para o cão 37 – onde fazer as necessidades 38 – higiene 38 – filhote que urina em qualquer lugar 38 – o cão à mesa, na hora das refeições 39 – manejo dos filhotes 39 – cuidados 39 – coleira, guia e enforcador 40 – passeios com ou sem a guia 42 – relacionamento entre cães 42

Capítulo 7 – COMO EVITAR A REPRODUÇÃO 45
Cadela 45 – isolar a cadela 45 – fralda ou calça 45 – repelentes sexuais 45 – pílulas anticoncepcionais 45 – laqueadura das trompas 45 – histerectomia 45 – castração 45 – substâncias abortivas 45 – aborto provocado 45 – operação cesariana 46 – cão 46 – evitar o acasalamento 46 – vasectomia 46 – castração 46

Capítulo 8 – REPRODUÇÃO E CRIA DO COCKER SPANIEL INGLÊS 47
Seleção dos machos ou padreadores 47 – seleção das fêmeas ou matrizes 48 – idade para a reprodução 48 – ciclo estral ou sexual da cadela 49 – o cio 49 – preparo para o acasalamento 50 – o ritual do acasalamento 51 – acasalamento 51 – cuidados após o acasalamento 54 – antipatia sexual 54 – impotência sexual e fatores psíquicos 55 – gestação 55 – período de gestação 55 – sinais de fecundação e de gestação 55 – ultrassonografia 56 – gestações anormais 56 – exercícios para gestantes 56 – gestação e alimentação 57 – falsa gestação 58 – quando os fetos morrem 58 – o leite e a falsa gestação 58 – ventre sujo ou cadela estragada 59 – aborto natural 60 – provocado 60

Capítulo 9 – O PARTO 61
Cuidado, a cadela pode ficar brava 61 – preparando a cadela para o parto 61 – o ninho 62 – proteção contra esmagamentos 64 – higiene no ninho 64 – um acompanhante durante o parto 65 – material necessário 65 – o parto 65 – sinais de parto próximo 66 – dia do parto 66 – os trabalhos de parto 66 – o nascimento dos filhotes 67 – atenção! Importante! 68 – problemas durante o parto 68 – placenta 69 – alguns cuidados com a cadela 69 – como cortar o cordão umbilical dos filhotes 70 – como abrir a bolsa d'água 71 – número de filhotes por parto 71 – primeiros cuidados após o parto 72 – o sexo dos filhotes 72 – depois do parto 73 – eclâmpsia 73 – temperatura dos filhotes (tabela) 74

Capítulo 10 – FILHOTES – PRIMEIROS CUIDADOS 75
    Seleção dos recém-nascidos 75 – sacrifício ou eutanásia 76 – número de filhotes deixados com a cadela 77 – filhotes órfãos 77 – outros cuidados com os órfãos 78 – saúde 78 – unha de lobo, esporão ou ergot 78

Capítulo 11 – LACTAÇÃO E DESMAMA 79
    Lactação 79 – produção de leite 79 – qualidade e composição 79 – período de lactação 81 – o primeiro leite e o colostro 82 – as mamadas 82 – alguns cuidados durante a lactação 82 – alimentação suplementar 83 – receitas para mamadeiras 83 – alimentação artificial 84 – dar leite no prato ou em outra vasilha 84 – baias para a alimentação dos filhotes 85 – desmama 87 – surdez 87 – cuidado com as unhas dos filhotes 88 – um "banheiro" para os filhotes 89

Capítulo 12 – PERÍODO DE CRESCIMENTO 91
    Vermífugo 91 – vacinas 91 – ensino e treinamento 91 – controle de peso .. 92

Capítulo 13 – ALIMENTAÇÃO E ALIMENTOS 93
    Generalidades 93 – alimentos 93 – carne 93 – farinha de carne 94 – peixes 94 – farinha de peixe 94 – ovos 94 – leite 94 – cereais 94 – massas 94 – açúcar 94 – doces, bombons, chocolates, balas, etc. 94 – legumes 94 – frutas 95 – sais minerais 95 – vitaminas 95 – alimentos comerciais 96 – água 96 – administração dos alimentos 97 – quantidades de alimentos para os cães 98 – alguns defeitos de alimentação e os seus sintomas 98 – mau hálito 98 – gases e mau cheiro 98 – pêlos secos, caindo ou mortos 99 – muita coceira 99 – cão fraco, com musculatura mole e sem forças 99

Capítulo 14 – TRATO E HIGIENE 101
    Higiene bucal 101 – como escovar o cocker spaniel 101 – o uso de pentes 102 – o banho normal 103 – banho a seco 108 – outro tipo de banho 108 – limpeza dos ouvidos 108 – alguns produtos ou utilidades para cães 109 – roupas e acessórios 109 – outros produtos 109 – tosa ou trimming 110 – não raspar os filhotes 110 – local e instalações 110 – como fazer o trimming no cocker spaniel inglês 112

Capítulo 15 – ALGUMAS DOENÇAS E VACINAÇÃO 115
    Verminoses 115 – vacinação e doenças 115 – cinomose 115 – hepatite infecciosa 116 – leptospirose 116 – parvovirose 116 – coronavirose 116 – influenza 116 – raiva 116

Capítulo 16 – ENSINO E TREINAMENTO DO COCKER SPANIEL INGLÊS 119
O ensino 120 – o treinamento, as palavras e as ordens 120 – os exercícios 121 – algumas regras para o treinamento 121 – a ordem "NÃO" 122 – como tirar as "manhas" dos cães 123 – como evitar que o cão arranhe a porta para entrar ou sair de casa 123 – não mexer nas coisas 124 – a vir até onde está o dono 124 – a andar junto ao dono 125 – sentar 125 – a sentar só nas pernas traseiras, mas na vertical 126 – a deitar 126 – A pegar objetos 126 – treinamento para as ordens "NÃO" e "PEGA" 127 – "PEGA" e "LARGA" 127 – a parar de latir 128 – não pegar comida achada ou dada por estranhos 128 – a buscar um objeto 130 – a guardar veículos e outros bens 132 – a nadar 132

Capa – NOSEY'S CLUB I'm a GOLDEN DREAM, Cocker Spaniel Inglês Dourado.

INTRODUÇÃO

Quando na rua, em um jardim ou um parque, vemos uma pessoa andando depressa ou em ziguezague, segurando uma guia presa à coleira de um cão; quando vemos um cão simpático, alegre, bonito e brincalhão, abanando a cauda sem parar e, ao mesmo tempo, se mexendo todo, "rebolando" o traseiro; cheirando tudo o que encontra e farejando sem parar, o terreno; quando o vemos correndo e se "enturmando" com as crianças que encontra ou quando vemos um cão amável, fazendo as maiores demonstrações de amizade, afeto e carinho para as pessoas que com ele convivem, principalmente seu dono, podemos pensar em um Cocker Spaniel pois, dificilmente, erraremos.

É por isso tudo que escrevemos este trabalho sobre esse magnífico animal, o Cocker Spaniel Inglês.

O Autor

Nosey's Club I'm a Golden Dream. Cocker spaniel inglês dourado.

CAPÍTULO 1

O COCKER SPANIEL INGLÊS E SUA ORIGEM

Um dos cães mais populares e queridos, em todo o mundo, não há dúvida, é o cocker spaniel inglês, por ser um belo animal e por suas extraordinárias qualidades. Ótimo cão de caça, tem um faro muito apurado e um excelente preparo físico, enfrentando as mais difíceis situações para localizar, levantar e buscar a presa abatida, trazendo-a com todo o cuidado para o caçador. Por sua inteligência, seu temperamento alegre, dócil, afetuoso e por ser muito sociável, aceitando com facilidade novas amizades, o cocker spaniel inglês transformou-se em um dos mais disputados cães de companhia. Gosta muito de crianças, sendo muito carinhoso com elas.

Os seus sentimentos de amizade e amor para com as pessoas são grandes, como o seu próprio nome o indica, pois "cocker" significa afagar, acariciar e "cockering" é afago, carícia, afeição.

É muito inteligente e aprende as coisas com a maior facilidade. Obedece o dono, não por obrigação ou subserviência, mas por amizade, chegando até a tentar adivinhar as suas intenções e as ordens que lhes são dadas, mas nunca através de gritos ou de agressões. O melhor, mesmo, é não ser grosseiro com ele e nunca chamar a sua atenção asperamente, porque ele é muito emotivo e, devido à sua grande sensibilidade, fica muito "sentido" quando não recebe carinho e, muito mais, quando é maltratado. Sua sensibilidade, no entanto, não faz com que ele fique magoado com qualquer reprimenda recebida do seu dono.

Embora possua olhos meigos, expressivos e até tristes, é um cão muito alegre, brincalhão, sempre de bom humor e até mesmo de temperamento irrequieto, exigindo cuidados e a atenção do seu dono.

Quando contente, o cocker balança a sua pequena cauda que está sempre em movimento e que chega quase a vibrar, para demonstrar a sua alegria, principalmente quando está com seu dono, de quem é grande e fiel amigo. Ele é também muito ativo, irrequieto e de temperamento instável, preferindo os locais mais abertos e maiores, nos quais se sente mais livre, como parques, jardins, sítios, etc., embora se adapte perfeitamente às cidades e até a casas e apartamentos. Um cocker torna qualquer casa mais alegre, porque irradia alegria e simpatia; por sua astúcia e porque vive fazendo "palhaçadas", não fica parado, late por qualquer coisa e faz muito carinho às pessoas que o cercam. Além disso, embora não seja um cão de guarda, denuncia qualquer barulho suspeito e até ataca qualquer pessoa que tente agredir o seu dono. Seu pêlo, denso e geralmente liso, avoluma-se, bastante, debaixo da barriga, do peito e nas patas. Os pêlos das orelhas diferem dos encontrados nas outras partes, porque são ondulados.

CORES

Quanto à cor, o cocker é classificado em 2 variedades: 1 – **sólida** (dourada, preta e canela, preta, fígado e fígado e canela), não sendo desejada marca ou mancha branca, a não ser localizada no peito e 2 – **particolor**, ou seja, branco com as combinações das cores sólidas (branco e preto, azul ruão, tricolor laranja ruão, branco e laranja, fígado e branco e fígado ruão. Atualmente, existe uma cor conhecida como "sable" (acastanhado). Suas cores são, mesmo, as mais variadas: dourada, preta, vermelha, negro-e-fogo (black-and-tan), cor de fígado, preto e bronzeado; fígado e bronzeado, sable, etc.

A sua pelagem pode ser tosada de acordo com o exigido pelo padrão da raça. Além disso, o animal deve ser escovado com freqüência, de preferência diariamente, para livrá-lo de pêlos mortos, parasitas, poeira, etc., e para evitar que seus pêlos fiquem embaraçados.

Suas orelhas, por serem compridas e caídas, tampam os ouvidos do cão, fazendo com que elas se tornem um ambiente úmido, propício à proliferação de fungos e de bactérias, que podem causar graves e dolorosas infecções e inflamações, provocando, às vezes, muitas dores e grandes sofrimentos ao animal, como em casos de otite (inflamação do ouvido), à qual o cocker está muito sujeito.

Para evitar esses problemas, devemos colocar um pedaço de algodão nos ouvidos do cocker, para que neles não entre água, quando ele está tomando banho. Além disso, seus ouvidos devem ser constantemente limpos com um cotonete ou um algodão com éter, álcool, óleo ou um medicamento especial para isso.

Para que as suas orelhas se sujem o menos possível, devemos fornecer-lhes bebedouros e comedouros com abertura afunilada, que diminuam as possibilidades de elas neles penetrarem. Além disso, nas horas das refeições, para que elas não se sujem na comida dentro dos comedouros, podemos protegê-las com toucas especiais ou até mesmo pés de meias.

Devemos examinar, também e sempre, os olhos do cocker porque, como um bom cão de caça e ótimo farejador, vive com o focinho farejando o chão e pode ficar com os olhos sujos ou até com um cisco dentro deles. Para evitar algum problema, devemos limpá-los e desinfetá-los com um algodão embebido em colírio ou em água boricada.

O cocker, no entanto, é um grande comilão e engole tudo o que encontra, bastando ver um prato de comida para sair correndo e comê-la com avidez. Talvez por isso, tem uma grande tendência a engordar e à obesidade, com todas as suas conseqüências, ou seja, principalmente problemas de coração e de coluna. Por esse motivo, devemos controlar a quantidade, a qualidade e a composição dos seus alimentos, não lhe dando, para comer, gorduras, doces, biscoitos, massas, etc. O melhor é fornecer-lhe 200 a 250 gramas de carne e 60 a 90 gramas de arroz sem casca, cozido com sal, mas com pouco tempero como alho, salsinha, cebola, etc. e verduras cruas ou cozidas. Além disso, para evitar que o cocker engorde, devemos obrigá-lo a fazer exercícios mais ou menos intensos, de acordo com a necessidade, o que ele faz com prazer, porque gosta de correr e de brincar ao ar livre.

ORIGEM DO COCKER SPANIEL INGLÊS

Antigamente, existiam na Espanha, cães conhecidos por "épagneuls" ou braco de codorniz, originários do cruzamento do cão das turfeiras com o cão de bronze. Levados para a Inglaterra, foram submetidos a uma boa seleção e a métodos adequados de reprodução e de criação, sofrendo profundas modificações, que produziram vários tipos de cães, cada qual com diferentes características para determinadas funções e, entre os quais temos os setters, os toy spaniel, etc. Foi assim, obtido o cocker spaniel, cujas características o diferencia, bastante, do antigo, que era um tanto parecido com o springer atual.

Para serem obtidas as características desejadas, foi cruzado o tipo tradicional do cocker com o spaniel de Sussex, após, naturalmente, uma rigorosa seleção dos reprodutores machos e fêmeas, em relação a diversas características como tamanho, conformação, cores, etc., sendo assim obtido o cocker spaniel inglês.

O criador da raça cocker spaniel inglês foi o inglês James Farrow, que muito contribuiu, também, para a organização dos standards dessa raça, principalmente com o seu cão Obo, um cocker extraordinário, que nela influiu com seus cruzamentos, durante várias gerações. Outro cocker excepcional,

Ted Obo, bisneto do primeiro Obo, também influiu, de maneira marcante, para a melhoria da raça.

Embora seja bastante difícil saber quando, realmente, surgiu o primeiro spaniel, parece que a mais antiga referência a ele foi encontrada no Século XIV, época em que todos os tipos de spaniels ainda eram classificados somente como "spaniel".

A história do cocker spaniel inglês remonta, também, ao Século XIV, como ocorre com a dos cockers spaniels. Foi nos condados de Gales e de Devonshire, no entanto, que se originou, mais tarde, o mais importante dos spaniels, ou seja, o tipo moderno do cocker spaniel inglês.

No Século XIV, Chaucer o primeiro grande nome da literatura inglesa, mencionava o spaniel em seu "Prólogo das Esposas de Bath".

Em 1570, em suas "Histórias dos Cães Ingleses", o dr. Caius descreveu as diferentes características dos spaniels e em 1575, encontramos referência ao spaniel, como sendo empregado na caça ao falcão.

Segundo Gaston Phebus, somente 500 anos depois, por volta de 1800, os vários spaniels ingleses foram grupados em 7 raças: o clumber, o sussex, o springer de Gales, o springer inglês, o field, o irish water spaniel e o cocker, todos eles originários dos cães épagneuls.

Em 1888, Stonehenge, em seus escritos, não só cita o field spaniel como um cão de caça, como menciona características ou qualidades dele exigidas, inclusive que ele não deve se cansar, nunca.

Quanto ao termo ou seu nome "cocker" ou "cocking spaniel" apareceu, também nessa época, por volta de 1800, por ser considerado o melhor cão para a caça às codornas ou galinholas (woocock), principalmente em locais de difícil acesso, inclusive dentro de matos.

Em 1859, a denominação cocker spaniel foi empregada em uma exposição que ocorreu em Birmingham, na Inglaterra, embora a raça cocker spaniel inglês ainda não estivesse definida e os cockers spaniels e os field spaniels fossem considerados cães do mesmo tipo. A separação dessas raças só ocorreu em 1892, sendo o seu Club Oficial fundado 10 anos mais tarde.

Em 1893, o nome "cocker" foi reconhecido e registrado no Kennel Club Inglês, limitando o peso do cão a 25 libras (11,340 kg). Quando o animal ultrapassava esse peso, era classificado como "spring spaniel".

Em 1901, no entanto, o limite de 25 libras foi eliminado, o que muito favoreceu os criadores porque, além de simplificar a criação desses cães, contribuiu para um maior desenvolvimento da raça.

Antes dessa alteração, que podemos classificar de racional, filhotes spaniels da mesma ninhada e, portanto, irmãos, filhos do mesmo pai e da mesma mãe, de acordo com o peso que atingissem, poderiam ser classificados como cockers ou como springers, o que, certamente, não é lógico.

CAPÍTULO 2

ALGUMAS CARACTERÍSTICAS DO COCKER SPANIEL INGLÊS

A primeira sensação que sentimos, quando olhamos um cocker spaniel inglês, é a de que ele é um animal bonito, vivo, esperto e muito alegre. Além disso, é forte, robusto e com formas harmoniosas. Possui um **tronco** compacto, com um tórax bem desenvolvido, profundo e com as costelas bem arqueadas, o que significa uma boa capacidade respiratória, embora o seu peito, visto de frente, não seja nem muito largo nem muito estreito. Seu lombo é largo, curto e forte, e a linha superior do corpo possui uma pequena inclinação até à inserção da cauda, localizada um pouco abaixo da linha dorsal. A **cabeça** deve possuir um **nariz** bem largo e amplo, para facilitar, não só a respiração, mas também o uso do excelente faro que essa raça possui. O seu **focinho** é quadrado, com um stop bem assinalado, localizado à meia distância entre a ponta do nariz e o occipital. Os arcos zigomáticos não devem ser proeminentes. Os maxilares são fortes e com a mordedura em tesoura. Os **olhos** não são proeminentes e podem ser pardos ou pardos escuros, não sendo admitidos olhos claros. Além disso, são brilhantes, vivos e expressam alegria, inteligência e doçura. As bordas das pálpebras são muito aderentes. O **crânio** é bem desenvolvido, modulado e nem delicado nem grosseiro. As **orelhas** possuem uma forma lobular, são de inserção baixa, a nível dos olhos, e suas cartilagens são finas e moles. Seu comprimento não ultrapassa o nariz. São cobertas por pêlos sedosos e lisos. O **pescoço** é forte, musculoso, de comprimento moderado e sem barbela, ficando bem inclinado e inserido nos ombros ou espáduas.

Os **membros anteriores** são formados pelos ombros oblíquos e pernas retas, bem articuladas e com pés bem formados, o que concorre para que o cão possua bons aprumos dianteiros. Esses membros são providos de franjas de pêlos. Os **membros posteriores** devem ser largos, bem arredondados e muito musculosos. As **pernas** devem ter uma boa ossatura, uma boa angulação e metatarsos curtos, o que permite um bom arranque. Possuem franjas de pêlos finos, nos jarretes. Seus **pés** são firmes, fortes, tipo "pé-de-gato", redondos e com almofadas plantares grossas.

Sua **altura** na cernelha deve ser de 39 a 41 cm (15,5 a 16 polegadas) nos machos adultos, e de 38 a 39 cm (15 a 15,5 polegadas) nas fêmeas adultas. Os **pesos** são de 13 a 15 kg (28 a 32 libras) para os cães adultos de ambos os sexos. As medidas da cernelha ao chão (altura) e da cernelha ou cruzes, até à raiz da cauda devem ser, mais ou menos, as mesmas.

Seus **pêlos**, não muito abundantes, são lisos e sedosos. Não devem ser duros, ondulados e, principalmente, crespos. Há boas franjas nos membros anteriores e, nos posteriores, elas ficam acima dos jarretes, além de serem encontradas, também, no corpo do animal.

O seu **andar** é fácil, com grande propulsão e uma boa cobertura do terreno.

Os machos devem ter os testículos normais e dentro da bolsa escrotal.

Naturalmente, os cães podem apresentar defeitos mais ou menos graves, desviando-os dos padrões normais como, p. ex., olhos saltados ou pequenos, focinho com rugas, prognatismo, enogmatismo, ossatura fina, ombro reto, costelas pouco arqueadas, defeitos de aprumos, pés achatados ou abertos, movimentos defeituosos, temperamento agressivo ou desconfiado, etc.

CAPÍTULO 3

PADRÃO OFICIAL DA RAÇA COCKER SPANIEL INGLÊS

COCKER SPANIEL INGLÊS

País de Origem: Grã-Bretanha
Nome no País de Origem: cocker spaniel

Aparência geral: alegre, robusto, próprio para caça, bem balanceado e compacto, medindo aproximadamente o mesmo da cernelha ao chão, como da cernelha à inserção da cauda.

Características: de natureza alegre, com a cauda em movimento incessante, e com uma ação típica cheia de energia, principalmente quando segue o rastro, sem medo de penetrar em esconderijos densos.

Temperamento: meigo, afetuoso; cheio de vida e exuberante.

Cabeça e crânio: focinho bem quadrado, com o "stop" bem marcado situado à meia distância entre a ponta do nariz e o occipital. Crânio bem desenvolvido, nitidamente cinzelado, nem muito afilado nem muito grosseiro. Os ossos da face não devem ser proeminentes. Nariz suficientemente largo para melhorar o faro.

Olhos: cheios, porém não proeminentes. Marrons escuros ou marrons, jamais claros; porém, no caso de cães de cor fígado, fígado ruão e fígado e branco, os olhos são de cor avelã escura, em harmonia com a pelagem; com expressão de inteligência e meiguice, porém alerta, esperta e alegre; pálpebras bem ajustadas.

Orelhas: lobulares, de inserção baixa, ao nível dos olhos. Couro refinado, estendendo-se até a ponta do nariz. Bem cobertas por pêlos longos, lisos e sedosos.

Boca: mandíbulas fortes, com uma perfeita, regular e completa mordedura em tesoura, isto é, os dentes superiores sobrepassam ligeiramente os dentes inferiores e são implantados em ângulo reto com as mandíbulas.

Pescoço: de comprimento moderado, musculoso. Inserido elegantemente em ombros bem inclinados. Garganta limpa (sem barbelas).

Anteriores: ombros bem inclinados e finos. Pernas com boa ossatura. Elas são retas, suficientemente curtas para concentrar força, mas não tão curtas ao ponto de interferirem com o tremendo esforço esperado deste magnífico e pequeno cão de caça.

Corpo: forte e compacto. Peito bem desenvolvido e antepeito profundo; nem muito largo nem muito estreito na frente. Costelas bem arqueadas. Lombo curto e largo. Linha superior firme e reta, suavemente inclinada, descendente do final do lombo à raiz da cauda.

Posteriores: largos, bem arredondados e muito musculosos. Pernas com boa ossatura. Joelhos bem angulados. Jarretes curtos, dando maior propulsão.

Pés: firmes, com almofadas grossas, como as do gato.

Cauda: inserida ligeiramente abaixo da linha do dorso. Deve ser alegre em movimento e portada horizontalmente, nunca para cima. Normalmente amputada porém não muito curta nem muito comprida, a ponto de interferir na sua ação incessante e alegre quando em trabalho.

Andadura/movimentação: andadura fácil, com grande propulsão e boa cobertura de solo.

Pelagem: pêlo liso, textura sedosa, jamais duro ou ondulado, não muito abundante e nunca crespo. Boas franjas nos anteriores, corpo e posteriores acima dos jarretes.

Cores: várias. Nas cores sólidas não é permitido a cor branca a não ser no peito.

Tamanho: altura aproximada: machos: 39 a 41 cm (15,5 a 16 polegadas); fêmeas 38 a 39 cm (15 a 15,5 polegadas). Peso aproximado: 13 a 15 quilos (28 a 32 libras).

Faltas: qualquer desvio dos pontos acima deve ser considerado como uma falta e a sua gravidade deve estar em exata proporção com sua intensidade.

Nota: os machos devem apresentar os dois testículos aparentemente normais e plenamente descidos na bolsa escrotal.

Participaram na tradução do texto FCI: Jessie Perryman de Melo, Elisa Maria Meira de Vasconcellos Lopes de Castro, Sergio Meira Lopes de Castro, Firmino Fiuza, Jayme Martinelli, Evelina Farias de Toledo e Suzanne Blum.

Nosey's Club Golden "Kilt". Cor: Dourada.

Nosey's Club English Cockers. Gipsy e Galatéa. Cor: azul ruão.

CAPÍTULO 4

CONVIVÊNCIA DO CÃO COM O HOMEM

O cão foi o primeiro animal a ser domesticado pelo homem, o que ocorreu 7000 anos a.C., na Idade da Pedra Polida. Parece que, no começo, o cão servia de alimento, tornando-se depois, companheiro do homem e seu auxiliar na caça, como acontece até hoje.

Essas relações se estreitaram tanto, que o cão se integrou, realmente, à sociedade humana e da maneira mais ampla e a tal ponto, que um cão criado desde filhote, na mamadeira, por uma família, a ela se integra tão estreitamente, que passa, psicologicamente, a fazer parte da sociedade humana e a se tornar um estranho aos animais da sua espécie, ficando até mesmo indiferente, sexualmente, às suas fêmeas. Para que isso não aconteça, o cão deve ter, sempre, contato com outros cães, para manter os estímulos normais de relacionamento com os da sua espécie. Essa integração do cão à sociedade humana começa a partir da sua 3ª ou 4ª semanas de vida.

A fase mais importante na vida dos filhotes são os seus 3 ou 4 primeiros meses de vida, pois é nesse período que eles aprendem as primeiras regras de comportamento. Por esse motivo, devemos educá-los da melhor maneira possível, para que, mais tarde, sejam evitados problemas no relacionamento desses cãezinhos com os humanos, embora também o temperamento dos pais influam sobre eles.

Não devemos isolar os filhotes, mas ajudá-los a se adaptarem ao ambiente em que vão viver, facilitando os seus contatos com as pessoas e com animais; com automóveis e outros veículos; com o movimento das ruas; com todos os tipos de barulhos e sons, etc. Além disso, não devemos superprotegê-los para que, como os humanos, não apresentem problemas psíquicos, tornando-se inseguros, dependentes, submissos ou estressados.

Como as reações e o comportamento do cão são instintivos, devemos compreender algumas atitudes por ele tomadas, para não castigá-lo ou repreendê-lo por um ato que para ele é normal, porque isso o deixaria desorientado ou frustrado, pois ele não entenderia o castigo, por acreditar que nada fez de errado.

QUANDO O CÃO FICA SÓ

O mais importante para um cocker spaniel é ter a maior liberdade possível e um bom amigo e companheiro, pois é muito afetivo e carinhoso, além de ser um cão que, por natureza, é alegre e agitado, um cão que não perdeu o seu instinto de caçador, que gosta de correr livre, nos maiores espaços que puder. Por isso, ele não suporta ser mantido preso e sozinho, em uma casa ou apartamento, pois se sente abandonado e, para se distrair, começa a brincar com os objetos que encontra, como sapatos, almofadas, tapetes, etc., e muitas vezes os destrói, como um sinal de protesto contra o abandono.

Deixar um cão sozinho, em uma casa ou apartamento é, realmente, um grande sofrimento para ele: o melhor seria arranjar uma pessoa para fazer-lhe companhia e cuidar dele; colocá-lo em uma creche, pensão ou clínica para cães, onde seria bem tratado ou deixá-lo em outra casa, na companhia de alguém que cuide dele, pois assim ele não sentiria tanto a falta do dono e faria novas amizades.

O COCKER E AS CRIANÇAS

As crianças, de um modo geral e desde pequenas, têm uma grande afinidade com o cão e demonstram sentir por ele muita amizade e muito carinho. Esses sentimentos são recíprocos, porque o cocker spaniel gosta muito de crianças e está sempre disposto a entrar em todas as suas brincadeiras e jogos, além de as defender de todos os perigos e agressões. Mesmo assim, não nos podemos esquecer de que o cão é um animal e de que ele tem todos os seus instintos e reações naturais. Por esse motivo, nem mesmo as crianças podem passar de um certo limite, pois ele pode reagir instintivamente e tão rápido, que nem tem tempo de ver quem dele se aproximou, o agrediu, mexeu no seu prato enquanto ele estava distraído, comendo, dormindo, etc.

Por essas razões, antes de o cãozinho chegar à sua nova casa, devemos orientar as crianças, expondo-lhes o que é um cão, como lidar com ele e como devem tratá-lo, mas não se esquecendo, nunca, de que ele é um animal e não gente como nós, embora possa ser o seu grande amigo e companheiro de todos os dias. É preciso que as crianças entendam, também, que o cãozinho é um ser vivo e não um brinquedo, e que deve ser tratado com cuidado e com todo o carinho; que não devem ficar brincando com ele o dia inteiro, porque ele precisa descansar; que ele sente dores e sofre, como as pessoas e que não devem puxar-lhe as orelhas, a cauda ou os pêlos; dar-lhe "cutucadas", puxões ou beliscões ou até bater nele; que não lhe devem dar comida fora das refeições; que não lhe devem dar açúcar, doces ou outras guloseimas, pois lhe fazem mal; que não devem assustá-lo com paus, chicotes, pedras, soltando bombinhas ou fazendo barulhos altos, súbitos ou bruscos, pois ele fica muito assustado, com medo, nervoso e, às vezes, até agressivo. Além disso, as crianças devem saber que, mesmo por prazer ou carinho, não devem manter o cãozinho no colo ou nos braços, por muito tempo, ou então fazer-lhe carinho apertando-o demais, o que o incomoda e pode até machucá-lo.

Para que as crianças fiquem mais motivadas, ainda, pela presença do cãozinho, devemos ensiná-las a alimentá-lo e a tratá-lo com carinho, mas com energia, quando necessário, não se deixando subjugar por ele, mas impondo a sua vontade à do cão; que nunca se aproximem do cão bruscamente ou de surpresa e principalmente, nunca o acordem de repente, para evitar que ele desperte assustado e reaja de acordo com o seu instinto animal, atacando, o que pode significar uma boa "dentada", embora involuntária, pois ele não tinha a intenção de morder o seu amigo, e só o fez porque a sua reação foi "automática" e tão rápida, que ele nem teve tempo de ver quem dele se aproximou ou que nele tocou.

O CÃO SENTE CIÚME

Quanto maior a convivência do dono com o seu cão de companhia, maior será a sua amizade por ele, considerado pelo animal, o seu melhor amigo. Nesses casos, não há dúvida alguma de que, em certas ocasiões, o cão pode demonstrar um ciúme mais ou menos intenso, do seu dono e das pessoas da "sua" família. A sua reação pode variar com o seu temperamento, ou mesmo com as circunstâncias. Por esse motivo, devemos pensar sobre o assunto antes de levarmos para casa outro cão de companhia, pois ele, certamente, despertará ciúme no nosso antigo amigo canino, o que vai depender, em parte, de nossas atitudes em relação a ele e, principalmente, do modo com que tratarmos o novo cão, podendo ele reagir de diversas maneiras: ficar triste e se recolher a um canto; deixar de comer e até ficar doente, por sentir-se só, abandonado e desprezado; procura estar sempre junto do dono, não dando oportunidade ao seu "rival", de receber atenção e carinho das pessoas que ele considera só suas e que, por isso, devem dar atenção somente a ele; ameaça ou ataca, mesmo, o novo cão, que ele considera um intruso, tanto na "sua" casa, quanto nas suas relações com o seu dono e sua família; ele pode atacar o seu "rival", ferindo-o ou até o matando, quando o seu ciúme é muito grande. Para evitar esses problemas, devem ser tomados alguns cuidados como: 1 – permitir que o seu cão tenha, normalmente, o maior contato possível, com outros cães, para que se acostume com a sua presença; 2 – assim que o novo cão chegar à casa, deve ser apresentado ao antigo cão, que nela já está vivendo e que a considera sua. É necessário, porém, que na hora da apresentação o dono faça festas e carinhos no cão antigo e não demonstre nenhum interesse pelo novo, para que ele "veja" que nada mudou com a chegada do novo cão; 3 – se não brigarem, os dois cães podem ser deixados juntos, soltos pela casa, mas sob vigilância, para evitar qualquer problema; 4 – só depois que eles fizerem amizade é que podemos começar a dar mais atenção e carinho ao novo cão, que o merece e que o deve receber, mas aos poucos e sem exageros, principalmente na frente do seu companheiro, para que ele vá se acostumando com isso e não mais sinta ciúme.

O cão pode sentir ciúme não só de outros cães e de outros animais, mas também de pessoas.

IDADES DO CÃO E DO HOMEM

É comum ouvirmos dizer que 1 ano de vida de um cão equivale a 7 anos de vida de uma pessoa, o que não está certo porque, para calcularmos a relação entre as idades de um cão e as de uma pessoa, existem coeficientes especiais.

No Brasil, p. ex., a média de vida de um homem é de 67 anos, enquanto que a de um cocker spaniel é de 9 a 10 anos, o que equivale a 52 a 56 anos de idade, no homem.

Para facilitar os interessados, apresentamos, neste capítulo, uma tabela de correspondência entre as idades do cão e do homem.

TABELA DE CORRESPONDÊNCIA
ENTRE AS IDADES DO CÃO E DO HOMEM

Idade do cão	Idade do Homem	Idade do Cão	Idade do Homem
02 meses	14 meses	10 anos	56 anos
06 meses	05 anos	11 anos	60 anos
08 meses	09 anos	12 anos	64 anos
01 anos	15 anos	13 anos	68 anos
02 anos	24 anos	14 anos	72 anos
03 anos	28 anos	15 anos	76 anos
04 anos	32 anos	16 anos	80 anos
05 anos	36 anos	17 anos	84 anos
06 anos	40 anos	18 anos	88 anos
07 anos	44 anos	19 anos	92 anos
08 anos	48 anos	20 anos	96 anos
09 anos	52 anos		

VIAGEM E TRANSPORTE DO CÃO

Quando uma pessoa tem um cão, vai viajar e o deixa em casa, sozinho, isso faz o animal sentir muito (ver pág. 00). Naturalmente, o melhor seria o dono levar o cão, na viagem, apesar de isso dar algum trabalho e trazer alguns problemas, como verificaremos no presente capítulo.

PROVIDÊNCIAS PARA A VIAGEM

Para que um cão possa viajar, e de acordo com o seu destino, há necessidade de que sejam tomadas algumas providências, que mencionaremos a seguir.

DOCUMENTOS EXIGIDOS

1 – Atestado de saúde e carteira de vacinação provando que o cão foi vacinado contra a raiva, há mais de 30 dias e há menos de 1 ano da data do embarque. Para obtê-los, procurar um médico veterinário particular;

2 – ir ao Ministério da Agricultura, levando os documentos mencionados no item anterior, para obter o **Certificado Internacional de Sanidade Animal** (CISA), para o embarque dentro de 8 dias, no máximo, ou a **Guia de Trânsito Animal** (GTA), quando a viagem for para outros estados brasileiros;

3 – quando a viagem for internacional, pegar todos os documentos obtidos e levá-los ao consulado do país a ser visitado;

4 – **importante! atenção:** todos os documentos mencionados para viagens internacionais só servem para a saída do cão do Brasil, sendo necessário que o dono do animal providencie nova documentação, de acordo com a legislação do país em que estiver, para que o cão possa dele sair, e a necessária para que ele possa regressar ao Brasil;

5 – antes de viajar para o exterior, o dono do cão deve saber que alguns países como a Inglaterra, p. ex., exigem que o cão, ao entrar em seu território, fique de quarentena, como prevenção a determinadas doenças, o que pode causar sérios transtornos e despesas extras para o dono do animal, quando ele não está a par dessa exigência;

6 – o cão deve ser levado para o aeroporto, 3 horas antes do embarque, pois ele e todos os seus documentos serão submetidos a um exame pela equipe de médicos veterinários do Ministério da Agricultura, sempre de plantão nos aeroportos, para os serviços de fiscalização de saída e entrada de animais;

7 – é necessário lembrar que o cão, antes de embarcar, deve fazer as suas necessidades, principalmente quando a viagem é longa;

8 – durante a viagem, o cão deve receber o melhor tratamento possível, não lhe faltando água e alimento;

9 – providenciar um local para o cão ficar hospedado, principalmente durante as noites.

O TRANSPORTE

Normalmente, o cocker spaniel pode ser transportado com muita facilidade porque, devido ao seu tamanho, pode ser colocado em pequenas embalagens especiais. Mesmo quando o automóvel do seu dono está "cheio", o cocker spaniel pode ser nele transportado sem nenhum problema, porque também ele gosta de passear de carro e pode até ir solto dentro dele. Quando, no entanto, o cão vai viajar em transportes coletivos como aviões, p. ex., principalmente para o exterior, devem ser tomadas algumas providências, como:

1 – colocar o cão em caixa, engradado ou gaiola de madeira, plástico especial, fibra, arame galvanizado, etc., de acordo com o seu tamanho e as exigências das companhias transportadoras ou países de destino;

2 – as embalagens devem ser bem ventiladas, para que o cão possa respirar normalmente, o que é fácil quando elas são de tela, de grade ou possuem orifícios, em número suficiente, nas suas partes laterais e superior, para que o ar possa nelas circular livremente;

3 – as embalagens para um só cão devem ter um tamanho mínimo, de acordo com o cão que vão transportar, ou seja: comprimento igual ao comprimento do cão, medido da ponta do focinho até à base da cauda e mais um espaço para que o animal possa fazer algum movimento, não ficando espremido; largura igual à largura do cão, medida no ombro e altura igual à altura do cão em pé e com a cabeça levantada;

4 – quando a viagem é aérea, o cão, normalmente, é colocado no compartimento de carga do avião;

5 – quando o cão fica muito nervoso, deve receber tranqüilizantes, mas só em caso de muita necessidade, porque esses medicamentos podem ter efeitos colaterais prejudiciais ao animal;

6 – quando o cão enjoa, pode tomar medicamentos contra esse incômodo;

7 – o cão não deve receber alimentos muito perto da hora da partida, exceto se a viagem for longa;

8 – antes de viajar, ele deve ser levado a passear, para que faça as suas necessidades, principalmente se recebeu alimentos.

HOTÉIS OU HOSPEDAGEM PARA CÃES

Há hotéis que aceitam receber cães quando acompanhando os seus donos ou providenciam alojamentos para eles, em outros locais. Outros, no entanto, não possuem esses serviços. Para evitar problemas, antes de reservar quarto em um hotel, é necessário verificar se ele aceita hospedar um cão ou se providencia a sua hospedagem em outro local.

Nosey's Club English Cockers. Ninhada de 8 filhotes. Cor: azul ruão.

CAPÍTULO 5

ESCOLHA E AQUISIÇÃO DO FILHOTE

A ESCOLHA

Para escolhermos um cão, devemos levar em consideração uma série de fatores como tamanho, raça, ambiente em que ele será mantido, sua idade, etc., como verificaremos a seguir. É aconselhável, no entanto, ler um livro sobre cães da raça que escolhermos, além de visitar canis, exposições e criadores, fazendo-lhes perguntas sobre a raça, seu manejo, preços, etc.

O FILHOTE NA NINHADA

Para melhor escolhermos um filhote, devemos conhecer o seu comportamento na ninhada e a sua relação com a cadela e com os seus irmãos, pois isso nos revela dados importantes sobre a sua saúde, o seu desenvolvimento, o seu temperamento, etc.

Logo que nascem, os filhotes procuram as tetas da cadela e começam a mamar. Vem, depois, a competição e eles passam a lutar por elas, vencendo os mais fortes, que tomam conta das mamas, bebem mais leite e ficam cada vez mais fortes e maiores em relação aos seus irmãos.

A hierarquia é outro fator importante na vida da ninhada e começa a produzir os seus efeitos quando os filhotes atingem 30 dias de idade e começam a lutar pelo osso que lhes é fornecido. Os machos, p. ex., vão aos poucos dominando as fêmeas e assumindo o seu lugar no grupo, respeitado pelos cães durante toda a sua vida.

Na mesma ninhada podemos encontrar filhotes com os mais diversos temperamentos: os valentes, os medrosos, os nervosos e até os covardes.

Quando os filhotes estão disputando um osso, um pedaço de carne ou um brinquedo, p. ex., não devemos interferir nessa disputa, separando-os ou tomando-lhes o objeto, pois devemos deixar que resolvam os seus problemas, porque esse comportamento faz parte da natureza dos cães.

OBJETIVO DA AQUISIÇÃO

Se desejarmos um cocker spaniel inglês puro, devemos exigir do vendedor a **targeta**, que é um documento oficial de pureza da raça. Quando o objetivo é ter um cão para exposições ou para a reprodução, ele deve ser, além de puro, um ótimo exemplar da sua raça e, neste caso, o seu preço é bem mais elevado do que um bom cão, mas com as características raciais dentro da média.

SEXO

Quando escolhemos um cão para companhia, devemos nos lembrar de que o **macho**, normalmente, é mais rústico, pesado, mais abrutalhado, mais duro e menos meigo, carinhoso e dado a brincadeiras do que a **fêmea** que é, realmente, mais dócil, atenciosa, meiga e carinhosa e que gosta mais de brincar do que ele. No caso do cocker spaniel inglês, no entanto, essas diferenças entre macho e fêmea são menores, porque ele é, também, bastante carinhoso, alegre e muito brincalhão. Nesse caso, portanto, a escolha do sexo depende do desejo ou do gosto do comprador ou da sua maior simpatia por um dos cãezinhos da ninhada que ele estiver examinando.

No caso, porém, de a pessoa desejar fazer uma criação ou possuir um filho do cão que está adquirindo, o melhor é que escolha uma fêmea porque, para acasalá-la, será muito fácil conseguir um macho, por empréstimo ou pagando uma taxa pela sua cobertura.

IDADE

Normalmente, o melhor é adquirir o cãozinho com 45 a 60 dias de idade, no máximo, logo após a desmama.

Quando, no entanto, preferirmos ter menos trabalho, podemos adquiri-lo com 4 a 5 meses, quando está mais forte e apresentando melhor as suas características. Além disso, ele se adapta, com mais facilidade ao seu novo ambiente e ao seu novo dono. A aquisição de cães adultos, no entanto, pode apresentar problemas de adaptação à nova casa e à nova família, além de, muitas vezes, ser difícil a sua reeducação e uma possível amizade de sua parte.

ALGUMAS CARACTERÍSTICAS

Quando adquirirmos um filhote, devemos exigir que ele tenha algumas características como: seja sadio e tenha visão, audição e olfato normais; possua os padrões da sua raça; tenha um bom temperamento; que, de preferência, seja o mais desenvolvido ou o mais precoce da ninhada; seja esperto, vivo, alegre e brincalhão, não seja tímido ou medroso; possua olhos vivos e brilhantes; tenha um bom apetite; não esteja gordo demais; apresente bom desenvolvimento ósseo; andar normal, com boa movimentação dos membros; ergots já amputados.

Não devemos aceitar um filhote com defeitos, principalmente graves, como magreza excessiva; mal desenvolvido, fraco, raquítico ou defeituoso; triste; com progmatismo; com falhas nos pêlos; cores não aceitas; crostas, feridas, calombos, etc., pelo corpo; corrimentos anormais como sangue, pus, etc.; lágrimas, coriza, resfriados ou diarréias. Além disso, ele deve estar limpo, sem sinais de urina nos pêlos ou de "sujeiras", principalmente fezes, em volta do ânus.

Os machos mais velhos devem ter, bem acentuadas, as suas características masculinas e os órgãos genitais externos perfeitos, com os 2 testículos normais, na bolsa escrotal e não somente 1 (monorquidia) ou nenhum (criptorquidia); que tenham a dentição normal, etc.

Naturalmente, quanto mais velho o cão, mais fácil se torna fazer uma boa escolha, porque as suas boas ou más qualidades vão se acentuando com a idade.

Devemos nos lembrar, ainda, de que é muito importante conhecermos o pai dos filhotes, a cadela e toda a sua ninhada, da qual vamos escolher o "nosso cachorrinho".

DOCUMENTAÇÃO

Para que a transação fique documentada, quando adquirirmos um cão, devemos exigir do vendedor, um **recibo de compra e venda** do animal, o que nos garantirá a sua posse e permitirá reclamações futuras, e a **tarjeta**, que é um certificado de registro expedido por uma entidade cinológica oficial, comprovando que o cão é puro.

Nosey's Club Black Little Boby.

CAPÍTULO 6

DEPOIS DE ADQUIRIDO O FILHOTE

Devemos levá-lo, o mais rápido possível, a um médico veterinário, para um exame geral, para que lhe sejam receitados um vermífugo e as vacinas, indispensáveis nessa fase de vida do filhote.

COMO SEGURAR O CACHORRINHO

A primeira coisa que devemos saber para lidar com um filhote é como segurá-lo corretamente, para evitar machucá-lo, e que é feito da seguinte maneira: colocamos a mão esquerda virada para cima, apoiando o peito do filhote, com os dedos polegar e indicador, seguramos a sua perna esquerda e com os dedos médio e anular pegamos a sua perna direita. Com a mão direita apoiamos o cãozinho por trás, ficando ele sentado sobre ela. Dessa maneira, ele fica bastante firme e confortável.

TRANSPORTE DO FILHOTE

Ele pode ser levado para o seu novo lar, no colo de uma pessoa; em uma cesta, caixa de madeira, de papelão, etc. ou em um caixotinho de madeira, sem nenhum problema, desde que eles tenham um fundo que não escorregue e que seja forrado com papel ou jornal e possuam furos em suas paredes ou na tampa, para que haja uma boa ventilação dentro delas.

CHEGADA À NOVA CASA

Como o cãozinho necessita de um lugar para dormir, fazer as suas necessidades, se alimentar e brincar, é necessário que, ao chegar à sua nova residência, encontre esses locais prontos para recebê-lo, para que ele, mais rapidamente, se adapte ao novo ambiente em que vai viver. Sua chegada deve ser feita, de preferência pela manhã, para que ele tenha o dia inteiro para fazer um reconhecimento geral da sua nova moradia, familiarizando-se com ela, seus móveis, seus objetos e, principalmente, com as pessoas nela existentes, pois foi colocado em um novo mundo, totalmente desconhecido para ele e no qual só encontrou estranhos. Por isso, devemos deixá-lo livre para andar por toda a casa, mas sob uma discreta vigilância, para evitar algum possível acidente ou que ele fuja.

No dia em que chega à nova casa, ele se sente desorientado e, principalmente nesse dia, deve receber todo o carinho, para que possa, pelo menos, se sentir protegido. Quando anoitece, porém, é que surge o maior problema, pois ele se sente sozinho, sem a mãe e os irmãos e começa a chorar dando, inclusive, fortes ganidos, não deixando ninguém dormir. Para diminuir esse problema, devemos alimentar o filhote, o mais tarde da noite possível, no seu próprio prato, trazido do antigo local em que vivia e depois o "botar" na cama forrada, de preferência, com um pano sobre o qual ele estava acostumado a dormir, pois assim, ele fica mais calmo e sossegado, porque sente nele, os cheiros de sua mãe e de seus irmãos, além do seu próprio cheiro.

Mesmo com todos esses cuidados, no entanto, no princípio, ele chora à noite, quando vai dormir, e o seu dono deve ralhar com ele, mandando zangado, que se cale. Quando isso não for suficiente, deve bater na própria mão, com um jornal enrolado, para que o barulho súbito o assuste e o faça calar-se mas, se ele continuar a chorar, devemos, com esse jornal enrolado, dar-lhe uma pancadinha de leve, no focinho, porque, depois disso, ele fica quieto e dorme. Para que ele, no entanto, fique mais calmo, na primeira noite, podemos colocar na sua cama ou ninho, um boneco para lhe fazer companhia.

Para que o filhote estranhe menos a mudança de ambiente e se adapte com mais facilidade à nova residência e a seus moradores, o melhor é manter a rotina do seu manejo e a mesma alimentação a que ele estava acostumado, na sua antiga moradia.

Devemos nos lembrar, ainda, de que, principalmente nesse período de adaptação, palavras e carinhos dão, em geral, melhores resultados do que os castigos.

É importante, também, tomar muito cuidado quando, na casa em que chegou o filhote, já existe outro cão, para evitar que ele fique com ciúme (ver Cap. 5, pág. 00).

PARA QUE O FILHOTE SE SINTA BEM

Devemos fazer tudo o que for possível para que o cãozinho viva livre, despreocupado e se sinta querido na nova casa. Para isso, é preciso que ele seja tratado com afeto, carinho e demonstrações de amizade, além de receber uma boa alimentação e de ter um certo conforto.

Necessário se torna, também, que sejam respeitados alguns de seus hábitos e algumas regras sobre a sua maneira de ser e de agir como, p. ex.: não despertá-lo quando ele estiver dormindo, interrompendo o seu sono; não ficar o dia inteiro "mexendo" com ele, pois não é nenhum brinquedo; não o ficar segurando muito no colo ou nos braços, apertando-o, exceto quando o próprio filhote "pede colo"; não deixar que as crianças fiquem brincando com ele o dia inteiro, porque ele precisa de repouso, sossego e privacidade; deixar o filhote quieto e sossegado, não apenas para dormir, mas também para que possa ficar sozinho e brincar com seus brinquedos, roer osso, se distrair na janela, vendo o movimento da rua, etc.; organizar atividades do filhote, estabelecendo um horário para elas; proporcionar-lhe exercícios diários, mas moderados; permitir que ele tome Sol todos os dias, mas não em excesso, e somente antes das 10 horas da manhã ou depois das 16 horas, para que não sofra os efeitos dos raios solares durante o dia; fazer elogios e recompensá-lo, quando ele se comportar bem ou obedecer, pois isso é muito gratificante e importante para ele.

COMO EVITAR ALGUNS PERIGOS PARA OS FILHOTES

Os cãezinhos são muito ágeis, espertos, muito brincalhões e gostam de correr e de pular. Têm, ainda, a mania de morder, de mastigar e até de engolir o que encontram, inclusive materiais como plásticos, p. ex., que lhes podem causar sérios problemas, provocando obstruções do seu aparelho digestivo, intoxicações ou até a sua morte. Por isso, o melhor é prevenir ou, pelo menos, diminuir os problemas e as suas conseqüências, para o que devemos tomar algumas precauções, entre as quais: não deixar ao alcance dos cãezinhos ou proteger com peças adequadas, as tomadas e os fios elétricos e os fios telefônicos, para que eles não os estraguem, mordendo-os, e ainda o que é pior, engulam pedaços de fios ou tomem choques elétricos, que os podem matar; não deixar largados, ao alcance dos filhotes, pregos, alfinetes, agulhas, tampas de garrafas, rolhas, pedaços de plástico ou de pano, caroços de frutas duros ou cortantes como os de pêssego, ou objetos muito pequenos, porque eles podem engoli-los, ficar engasgados e sufocados com eles, sendo às vezes necessário fazer uma cirurgia para retirá-los de seu estômago, ou então, podem se intoxicar ao ingeri-los; esconder deles todos os medicamentos, inclusive de uso humano, para que os filhotes não os engulam e sofram conseqüências, às vezes graves ou até fatais; por serem perigosos para a sua saúde, não lhes devemos dar, para brincar, brinquedos ou outros objetos de material plástico ou sintético, como espuma de náilon, isopor, borrachas natural ou sintética, bichinhos de pelúcia de material sintético, folhas plásticas, papéis e saquinhos de balas, doces ou bombons, etc., pois esses materiais não são digeridos, podem intoxicar os filhotes e até os matar, por obstrução das suas vias digestivas ou por intoxicações por eles produzidas; não deixar lâmpadas ou resistências elétricas ligadas, velas e cigarros acesos, etc., para evitar que se queimem, às vezes, gravemente; conservar sempre trancados, portas, portões e janelas de apartamentos, casas, jardins ou quintais, para que os filhotes não fujam; não deixar janelas, sacadas ou varandas abertas, porque eles podem subir no seu parapeito e depois pular ou cair de grandes alturas, sofrendo fraturas, ferindo-se gravemente e até morrendo; não permitir seu acesso a escadas, para não levarem tombos violentos, sofrendo lesões graves, fraturas, etc.; usar grades de segurança que não permitam aos filhotes passarem por elas, para que não sofram quedas ou acidentes, às vezes graves; impedir que tenham acesso a uma piscina, um lago ou um tanque, para que não caiam dentro deles e, embora saibam nadar, deles não consigam sair, nadem até se cansarem e morram afogados; cuidado quando os levar para passear, porque pegam tudo o que encontram na rua; na volta de um passeio, examinar bem o cão, para verificar se ele não se sujou ou se não se machucou, principalmente nas patas, com cacos de vidro, latas, pregos, etc.

A CAMA PARA O FILHOTE

Ao chegar à sua nova casa, o filhote deve encontrar, à sua espera e já "pronta", a sua nova cama, que poderá ser um cobertor, um forro acolchoado, uma simples caixa de papelão, de plástico especial ou de madeira, ou mesmo um caixote, de preferência com tampa ou colocada em um local abrigado. Ela pode ser retangular ou quadrada, com a frente baixa para que o filhote entre e saia com maior facilidade e deve ter pés para não ficar apoiada diretamente sobre o solo, para evitar que fique úmida e para que o vento fique canalizado para baixo dela.

Quando de madeira, as paredes da cama devem ser bem lisas, sem lascas, farpas ou rebarbas, para evitar que o filhote nelas se machuque e não deve ser pintada ou revestida com materiais colados, porque o filhote, roendo a cama, como o faz normalmente, pode arrancar e ingerir pedaços desses materiais, inclusive cola, o que pode até causar a sua morte.

A cama, no entanto, não é somente o lugar para o filhote dormir: para ele, significa muito mais do que isso, pois é o seu refúgio, o "seu cantinho", ao qual ele se recolhe para descansar ou para ficar só, isolado, e no qual ele se esconde e se sente em segurança. É o seu "esconderijo", para o qual leva tudo o que encontra e onde guarda todos os seus brinquedos como bolas, ossos artificiais, etc.

Ela pode ser forrada com papéis ou jornais, panos ou cobertores de algodão ou de lãs naturais, mas nunca de tecidos ou de lâminas de material sintético como os plásticos, p. ex. A cama pode ter, também, um colchão ou um acolchoado, desde que não sejam de material sintético.

Pode acontecer, às vezes, que o filhote não goste do local em que foi colocada a sua cama. Quando isso ocorrer, a cama deve ser levada para outro lugar, que agrade ao cãozinho.

GAIOLA PARA CÃES

Quando o cão, filhote, jovem ou adulto vive na casa do dono, a sua cama ou ninho pode ficar dentro de uma gaiola, geralmente de arame, madeira, plástico especial, fibras, etc., tendo uma porta para prendê-lo, quando necessário. Ela serve, também, para transportar o cão. O seu tamanho deve ser proporcional ao do cão que a vai utilizar.

A comida não deve ser deixada dentro da gaiola. O cão deve ser solto nas horas das refeições, dos exercícios e para fazer as suas necessidades. A água, no entanto, pode ser aí colocada em bebedouros tipo "mamadeira", com bicos especiais.

CASINHA PARA O CÃO

O cão pode viver em uma casinha especial para ele. Ela pode ser de madeira impermeabilizada, alvenaria, etc.; resistente; de tamanho adequado ao do cão que abriga e protegida do Sol, dos ventos e das chuvas, por cortinas ou portas basculantes. Ela pode ficar: 1 – em um terreno aberto e com o cão solto, livre; 2 – em um terreno cercado e o cão solto dentro dele; 3 – em um terreno com ou sem cercas, mas com o cão preso pela sua corrente ligada a um cabo aéreo, pelo qual ela pode deslizar, permitindo que o animal tenha maior espaço para andar, fazer exercícios e vigiar a propriedade em que se encontra.

ONDE FAZER AS NECESSIDADES

Desde pequeno, o filhote não mais urina ou defeca em sua cama, casinha ou nos locais em que normalmente permanece, fazendo as suas necessidades fora desses lugares que ele conhece bem. Quando, porém, muda para uma casa nova, ele não sabe onde deve ou não 'sujar" e, por isso, o seu novo dono deve lhe mostrar o lugar para isso.

O melhor é ensinar-lhe a só fazer as suas necessidades sobre um jornal colocado sempre à sua disposição, em um mesmo local. Esse jornal pode ser substituído por um tabuleiro ou uma caixa com areia.

Para que o filhote aprenda a se utilizar do jornal, do tabuleiro ou da caixa de areia, o seu dono deve levá-lo imediatamente e colocá-lo em um desses locais, nas seguintes ocasiões: 1 – pela manhã, logo que o retira da cama; 2 – quando ele acaba de comer porque, normalmente, ele defeca logo após as refeições e 3 – quando, de repente, o filhote começa a cheirar o chão, como se estivesse procurando alguma coisa. Em poucos dias o filhote se acostuma a só fazer as suas necessidades no local preparado para isso.

Os cães maiores ou adultos devem ser levados "ao banheiro", pela manhã, bem cedo, e à noite, o mais tarde possível.

Não devemos esfregar o nariz do cão nas suas fezes para castigá-lo porque ele "sujou" onde não devia, como um tapete, p. ex., pois ele não compreende que é um castigo e sofre sem saber porque.

HIGIENE

Devemos manter a mais rigorosa higiene em todos os locais ou dependências em que são mantidos os cães. Para isso, é necessário, todos os dias: lavar bem os comedouros e bebedouros; varrer, limpar e lavar bem, para retirar todos os detritos, fezes e quaisquer outras "sujeitas", as instalações, para que fiquem bem limpas e desinfetar bem todas as dependências em que vivem os cães.

Também a cama e o ninho devem ser bem limpos todos os dias e trocada a sua forração, quando necessário, para que os filhotes sejam mantidos em um ambiente o mais higiênico possível.

FILHOTE QUE URINA EM QUALQUER LUGAR

Um filhote pode urinar em qualquer lugar quando: fica assustado; tem medo; quando é repreendido e até quando é chamado e recebe carinhos de qualquer pessoa, inclusive do seu dono e fica todo alegre e feliz. O cãozinho, no entanto, não deve ser castigado ou repreendido quando isso acontece, porque se trata de um ato fisiológico normal e incontrolável para ele causado pelo seu esfíncter que, relaxando, deixa a urina sair. Castigá-lo seria o mesmo que dar umas palmadas num bebê que faz "xixi" na fralda. Esse problema desaparece com a idade.

Quando, porém, um cão maior urina sempre, no mesmo lugar, ele o faz para demarcar o "seu território", como o faziam os seus ancestrais selvagens, para evitar que outros cães invadissem o seu espaço. Quando isso acontecer, o melhor é lavar e desinfetar bem o local com um produto que tenha um cheiro bem forte, para neutralizar o da urina e o cão não mais urinar nesse local.

O CÃO À MESA, NA HORA DAS REFEIÇÕES

Não devemos deixar o cão ficar em volta da mesa na hora das nossas refeições, porque essa prática prejudica, totalmente, o seu regime alimentar. Além disso, se ele aí permanecesse apenas para ganhar uns pedaços de doce ou de comida, ainda seria menos mal. O que acontece, porém, é que ele fica "pedindo" a comida, mas com aquele olhar suplicante, implorando, como se fosse a mais infeliz das criaturas, com uma expressão de "infeliz" que, não só vai "incomodando", mas que acaba comovendo qualquer pessoa. Ninguém resiste a essa "chantagem sentimental" e lhe dá o que ele quer: um pedaço de qualquer guloseima.

O cão sabe da sua capacidade de persuasão e até escolhe as pessoas "mais moles". É por esse motivo que não devemos deixar o filhote ficar perto da mesa e se acostume, criando esse problema que parece pequeno, mas que não é tão simples assim.

MANEJO DOS FILHOTES – CUIDADOS

Para lidarmos com os filhotes devemos tomar alguns cuidados, entre os quais:

1 – com 3 a 5 dias de idade, fazer a amputação da sua cauda e dos ergots;

2 – a partir dos 20 ou 30 dias de idade, fazê-los tomar Sol todos os dias, mas somente ate às 10 horas da manhã ou depois das 16 horas;

3 – dar-lhes os alimentos com regularidade sempre no mesmo horário, retirando o seu prato logo depois que acabam de comer, para que sobras de

comida não se estraguem e possam causar intoxicações nos cãezinhos, se eles as ingerirem;

4 – com 2 meses de idade, dar-lhes o 1º banho, que deve ser de água morna e nunca fria e, de preferência, em dias não muito frios. Logo depois do banho eles devem ser bem enxugados com uma toalha felpuda e depois colocados ao Sol para "esquentar" e ficarem mais secos, ou então sob uma lâmpada elétrica, em um ambiente aquecido ou com um secador elétrico;

5 – depois do banho, evitar que fiquem no frio ou que tomem vento;

6 – aos 2 meses de idade, colocar uma coleira no seu pescoço;

7 – a partir dos 3 meses, fazer pequenos passeios;

8 – aos 4 meses, começar os treinamentos de obediência e eles já podem ser apresentados em exposições;

9 – com 6 meses, começam a ser treinados para a guarda, quando for o caso;

10 – aos 10 meses de idade podem começar os treinos para o ataque, o que, normalmente, não é feito com o cocker spaniel.

COLEIRA, GUIA E ENFORCADOR

São indispensáveis para o manejo dos cães, principalmente em treinamento e quando são levados para passear em locais públicos ou apresentados em exposições.

A **coleira** deve ser macia, para se adaptar bem ao pescoço do cão, não o incomodando ou machucando e nem larga, para não prejudicar os seus movimentos. Nela deve ser fixada uma chapinha com o nome, o endereço e o telefone do dono do cão, para que ele possa ser localizado quando, p. ex., o animal fugir ou se perder. Existem, também, localizadores eletrônicos e automáticos, para serem fixados na coleira ou sob a pele do cão que poderá, assim, ser localizado a qualquer momento.

Muitos cães aceitam a coleira normalmente; outros a estranham muito, protestam e tentam até retirá-la e outros chegam a ficar desesperados quando a sentem no pescoço, mas todos eles acabam se acostumando com ela. Basta, para isso, colocá-la no seu pescoço e deixá-los livres, com ela, durante 1 ou 2 dias.

Para que o cão se acostume com a **guia**, depois que ele já estiver acostumado com a coleira, nós a prendemos a ela e deixamos o cão solto, arrastando-a para onde quiser. Logo que ele se acostumar com a guia, não mais se importando com ela, começamos o treinamento para que ele, além de aceitar a coleira e a guia, obedeça os comandos que receber através delas.

Quando, pela 1ª vez, seguramos o cão pela guia, precisamos tomar alguns cuidados para que ele não sofra muito, física e psicologicamente, pois, para ele, isso representa a perda da sua liberdade.

Devemos, por isso, e com todo o cuidado possível:

1 – chamar o cão normalmente e, logo que ele chegar, fazemos-lhe carinho e o agradamos, dando-lhe até uma guloseima;

2 – prendemos a guia na coleira que ele já tem no pescoço e com a qual já se acostumou;

3 – com uma das mãos, seguramos a guia, mas sem puxá-la;

4 – aos poucos e bem devagar, a vamos encurtando até que, em certo momento, o cão percebe que está preso à guia, mas continuamos a falar e a brincar com ele, além de agradá-lo;

5 – tentando se livrar da coleira e da guia, o cão começa a sacudir a cabeça para os lados e a andar para trás, parando e tornando a andar "de ré";

6 – passa a ganir, rosnar, ladrar e, às vezes, a correr, dando pulos para os lados e, ao mesmo tempo, balançando a cabeça;

7 – devemos, no entanto, continuar a falar com ele, carinhosamente, mas, ao mesmo tempo, de frente e sem afrouxar a guia, vamos olhando para o cão e caminhando na mesma direção em que ele, mas sempre o chamando e tentando agradá-lo;

8 – o cão, em geral, vai se acostumando e, ao ser por nós chamado, começa a nos seguir mas, de repente, pára;

9 – quando o cão fica parado, devemos falar com ele, acariciá-lo e chamá-lo, porque ele torna a nos acompanhar e acaba se acostumando com a coleira e a guia, as "esquece" e passa a agir normalmente;

10 – a brigar com o cão, castigá-lo ou arrastá-lo pela guia é o que não devemos fazer nunca;

11 – de um modo geral, conseguimos que o cão ande normalmente com a guia, em somente 1 (um) dia de trabalho.

Em pouco tempo, no entanto, a coisa muda e basta, depois, lhe mostrarmos a coleira e a guia, para que o cão fique todo feliz, abanando a cauda, porque sabe que vai passear. Alguns cães chegam a ir buscar a coleira quando percebem que o dono está se reparando para sair.

Temos também o **enforcador**, que nada mais é do que uma coleira especial, uma pequena corrente com uma argola em cada uma das suas extremidades. Uma das argolas possui um diâmetro menor do que o da outra, sendo passada por dentro dela, formando um laço escorregadio, colocado no pescoço do cão, como uma coleira comum e que é presa à guia, permitindo a contenção do cão, quando necessário. É usado principalmente em cães bravos, rebeldes, em treinamento ou que não obedecem as ordens do dono e chegam a arrastar a pessoa que os queira segurar pela guia. Isso, no entanto, não acontece quando ele está com um enforcador porque, quanto mais o animal faz força, mais ele vai apertando o seu pescoço, ele começa a tossir e a se engasgar e vai, realmente, ficando enforcado, o que o obriga a parar.

PASSEIOS COM OU SEM A GUIA

Até o filhote ter 5 meses de idade, os exercícios que faz em casa são suficientes para as suas necessidades, não sendo necessário levá-lo para passear.

O melhor, para o cão, seria passear sem a guia e correr livremente durante os passeios mas, deixá-lo solto não é conveniente, tanto para o cão quanto para o seu dono, porque isso poderia trazer sérios problemas como o cão se perder ou fugir; avançar nas pessoas, assustando-as ou até as atacando e ferindo, o que, além de lamentável, traria grandes aborrecimentos e, às vezes, grandes prejuízos para o seu dono. Além disso, existem leis, decretos e portarias proibindo os cães de saírem à rua sem uma guia presa à sua coleira. Cremos que o cão, quando bravo, deve usar, também, uma **focinheira**, para não morder as pessoas que passam perto dele.

O mais indicado, portanto, é manter o cão preso a uma guia, quando é levado para passeios em locais públicos.

Quando, porém, for possível, devemos soltar o cão para que ele ande e corra à vontade e se sinta feliz com a liberdade, inclusive para entrar nas águas que encontrar e tomar banho, principalmente em dias de calor.

RELACIONAMENTO ENTRE CÃES

Quando são apresentados uns aos outros, a primeira coisa que os cães fazem é cheirarem as partes traseiras dos outros, para identificá-los, pois cada cão tem o seu "cheiro" típico, individual, produzido por determinadas glândulas especiais situadas na sua região anal. Esse "cheiro" é um ótimo elemento de identificação, uma verdadeira "carteira de identidade".

O primeiro contato pode ser hostil e eles podem até tentar se agredir, ou então, pode ser amigável e eles ficam juntos, sem nenhum inconveniente.

Quando o encontro é entre fêmeas e machos ou entre filhotes e adultos, normalmente não há nenhum problema. Entre cães novos e filhotes, o primeiro encontro, geralmente, termina em brincadeiras. Os adultos, porém, não simpatizando uns com os outros, eriçam os pêlos e arqueiam o dorso para ficarem parecendo maiores e mais ferozes, para amedrontar o adversário.

O cão que se intimidar ou não quiser brigar, expõe ao outro o seu pescoço, que é a sua parte mais vulnerável, ou pode, também, virar a sua parte traseira, mostrando as suas partes genitais. Durante essa fase de reconhecimento, ninguém deve interferir, porque pode provocar uma briga violenta, entre os 2 animais.

O importante, no entanto, é o dono ter o domínio sobre o seu cão, para que ele não se torne um perigo, atacando pessoas e animais.

Acostumar o cão a conviver com outros cães é o melhor pois, quando selvagem, na natureza, o cão vivia em matilha e obedecia a um chefe, como o faz, atualmente, em uma família humana e sob o domínio de um líder, também humano. Esse contato com outros cães lhe é muito importante, porque lhe traz grandes benefícios psicológicos, pois ele aprenderá a ter um relacionamento normal com eles.

É muito importante, também, forçarmos o cão a andar para fazer exercícios, não só porque fazem bem à sua saúde, mas também para que melhor se adapte ao ambiente em que vive, para que tenha mais contato com outras pessoas, além das que com ele convivem, e também com outros animais, principalmente cães, para que ele "se lembre" de que é um canino, embora viva entre seres humanos.

"Riga". Fêmea Cocker Spaniel Inglês preta. Prop. Irene de Araujo Lima da Silva.

... eu não ia rasgar, nem comer nada ... Filhote cocker spaniel inglês black-and-tan.

Nosey's Club Black Chucky. 4 meses de idade.

CAPÍTULO 7

COMO EVITAR A REPRODUÇÃO

Quando possuímos um cão ou uma cadela somente para companhia e não desejamos que se reproduza, podemos tomar algumas providências como as que se seguem.

CADELA

Para impedir que ela entre em gestação, podemos:
1 – isolar a cadela quando ela estiver no cio, para que nenhum macho dela se aproxime e faça a sua cobertura;
2 – cobrir os seus órgãos genitais externos com uma "fralda" ou uma "calça" especial, quando ela estiver no cio, para evitar que seja acasalada ou suje móveis, tapetes, etc., com o sangue do seu cio, que ocorre nessa época;
3 – pulverizar substâncias repelentes especiais, nos órgãos genitais da cadela, para que o odor desses produtos mascare o "cheiro" típico que ela exala quando está no cio, evitando que algum macho seja por ele atraído e faça a sua cobertura. Essa medida, no entanto, não é confiável;
4 – dar pílulas anticoncepcionais à cadela;
5 – fazer a laqueadura das suas trompas uterinas;
6 – histerectomia ou retirar o útero, as 2 trompas e os 2 ovários da cadela, quando ela é submetida a uma operação para a extração de fetos vivos ou mortos, do seu útero;
7 – castração da cadela, retirando os seus ovários, o que impede a sua ovulação;
8 – administrar-lhe substâncias abortivas, mas somente receitadas por um médico veterinário, para evitar uma possível gestação quando, apesar de todo o cuidado, a cadela foi acasalada contra a vontade do seu dono;

9 – quando a cadela já entrou em gestação mas o seu dono não quer que ela tenha os filhotes, a solução é provocar um aborto, o que, no entanto, deve ser evitado, pelo mal que pode causar à sua saúde.

OPERAÇÃO CESARIANA

Quando o parto se torna difícil ou impossível, a cadela é, normalmente, submetida a essa operação. Ela consiste em o cirurgião fazer uma incisão no ventre da cadela e outra no seu útero, retirando dele, todos os fetos. O útero e o ventre são, então, suturados, terminando a intervenção.

CÃO

Para que o cão não se reproduza, temos as seguintes alternativas:
1 – não deixar que se aproxime de uma cadela no cio, para evitar o acasalamento;
2 – submetê-lo a uma vasectomia ou ligadura dos canais deferentes, impedindo a saída dos espermatozóides e evitando, assim, que eles sejam ejaculados na vagina da cadela, o que o torna estéril, mas com os seus instintos sexuais normais;
3 – castração, ou seja, a retirada dos seus testículos, o que, além de o tornar estéril, por não mais produzir espermatozóides, faz com que, às vezes, perca os seus instintos sexuais, desinteressando-se pelas fêmeas e ainda pode provocar alterações em seu corpo, quando ele é castrado muito novo.

CAPÍTULO 8

REPRODUÇÃO E CRIA DO COCKER SPANIEL INGLÊS

Para termos sucesso em uma criação de cães, devemos nos basear nos seguintes ítens: 1 – bons reprodutores, machos e fêmeas; 2 – boa alimentação; 3 – instalações adequadas e 4 – um bom manejo.

SELEÇÃO DOS MACHOS OU PADREADORES

A qualidade dos cães obtidos depende, em grande parte, da escolha dos machos, porque são eles que transmitem aos filhos, as suas boas características ou os seus defeitos. É deles, portanto, que depende a qualidade das ninhadas e a melhoria da criação, tanto sob os aspectos genéticos ou racial, quando em relação a outros fatores, como a produtividade, embora também das fêmeas dependa, em grande parte, a qualidade dos filhotes e o sucesso da criação, como verificaremos mais adiante. Por esses motivos, os reprodutores devem ser puros e com o padrão da sua raça acima da média; ter todos os órgãos genitais perfeitos e com as suas funções sexuais normais, isto é, com o seu aparelho reprodutor funcionando normalmente. Além disso, eles devem ser precoces; de ninhadas numerosas; sadios; bem conformados; rústicos; de constituição robusta; vivos, ágeis e impetuosos; musculosos; não muito gordos; ter o focinho úmido; não apresentar corrimentos, pus ou "calombos" pelo corpo; possuir pêlos e subpêlos de acordo com a sua raça, variedade ou cor; devem estar com a idade indicada para a reprodução e não muito jovens; não devem ser velhos, para que sejam aproveitados na reprodução durante mais tempo; ter as suas características sexuais acentuadas; não possuir defeitos genéticos como prognatismo, displasia coxo-femural, aprumos defeituosos, monorquidia, criptorquidia, etc., e que não possuam nenhuma doença orgânica, infecciosa ou parasitária.

O melhor é que sejam conhecidos os pedigrees dos reprodutores a serem selecionados, ou seja, os seus ascendentes (pais e avós) e descendentes (filhos e netos) pois, com esses elementos, poderá ser feita uma seleção mais bem feita, cujo resultado será a produção de filhotes de elevado padrão de qualidade.

Para que os reprodutores possam ser bem controlados ou para uma boa seleção, é necessário que eles sejam identificados individualmente, por um nome e um número, para que seja possível haver um rigoroso controle da sua vida, das suas coberturas, da sua descendência, etc.

SELEÇÃO DAS FÊMEAS OU MATRIZES

As cadelas para a reprodução devem apresentar as características da sua raça, bem acima da média; ser sadias, vivas, bem conformadas e não muito gordas; ter os pêlos e subpêlos dentro dos padrões exigidos; ter atingido a idade da reprodução; não serem velhas, para que possam ser aproveitadas por mais tempo, na reprodução. Elas, no entanto, devem ser, também, fecundas, férteis, prolíficas, boas parideiras, ter uma boa capacidade leiteira e ser boas criadeiras, pois essas características são importantes, por serem indispensáveis para o sucesso da criação. As cadelas devem produzir leite pelo menos durante 30 a 35 dias e as que não o fizerem, devem ser descartadas da reprodução.

As fêmeas entram em reprodução mais cedo do que os machos, mas são descartadas mais cedo, porque as gestações e lactações sucessivas exigem um desgaste muito maior do seu organismo.

Podemos ter uma boa orientação sobre a qualidade ou o valor das cadelas como reprodutoras e criadeiras pois, quando não produzem filhotes de bom tamanho e peso, sadios, fortes e em ninhadas numerosas ou quando os filhotes são raquíticos, fracos e não atingem um bom desenvolvimento na desmama, isso significa que elas são más reprodutoras ou más criadeiras, às vezes, por falta de leite, e que, por isso, devem ser descartadas da reprodução.

As cadelas cocker spaniel têm, normalmente, 2 partos por ano e suas ninhadas são, em média, de 4,8 a 5 filhotes, embora haja ninhadas com maior número de filhotes. Temos conhecimento de uma ninhada que nasceu perfeita, com 16 filhotes.

IDADE PARA A REPRODUÇÃO

Os cockers spaniels já se reproduzem desde os 8 a 10 meses de idade, quando atingem a puberdade ou maturidade sexual, época em que os machos começam a produzir espermatozóides e as fêmeas têm o seu primeiro cio e

Nosey's Club English Cockers. Echolake Cervantes. 3 anos. Cor azul ruão.

Skylark Absolut "Joe". 3 anos. Cor azul ruão. Proprietário: Pedro Campana Netto.

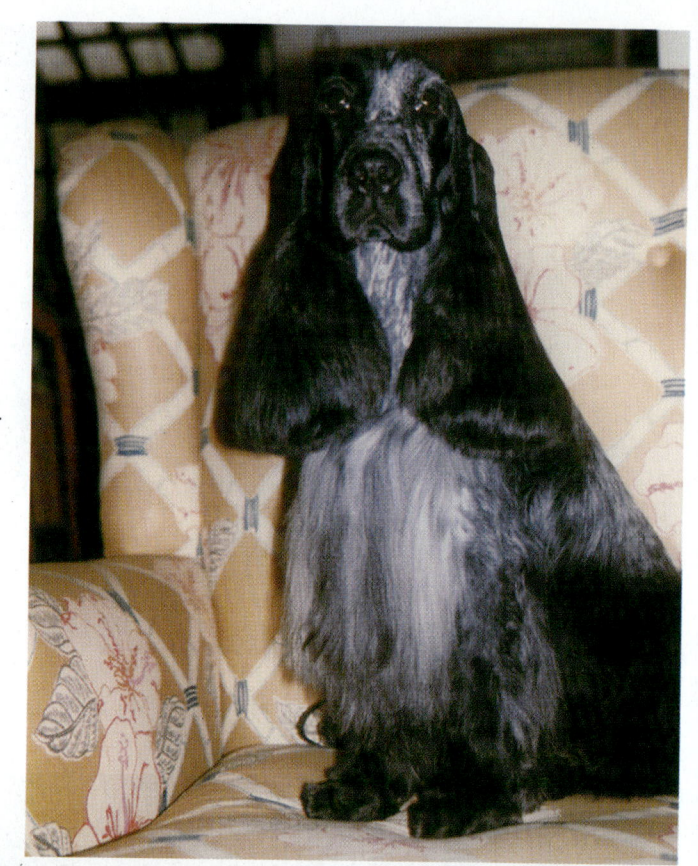

Shadalon Diamond Springs. "Mokinha".
Fêmea. Cor azul ruão.
Proprietária: Maria Antônia S. Knoeller.

Canil Macoe's Place. Cocker spaniel inglês. Cor laranja ruão.
Alegre, esperto, solto e pronto para brincadeiras.

ovulam. A sua reprodução com essas idades, no entanto, não é aconselhável, porque eles são muito jovens e o desenvolvimento das cadelas será prejudicado com o desgaste provocado por uma gestação e uma lactação sucessivas, o que lhes causa um grande desgaste físico, tanto maior quanto maior for o número de filhotes. Além disso, as cadelas muito jovens ainda não possuem o instinto maternal desenvolvido, o que faz com que elas nem sempre cuidem bem dos seus filhotes, como normalmente o fazem, podendo abandoná-los ou até devorá-los (canibalismo). Por esse motivo, o primeiro acasalamento só deve ser feito quando a cadela estiver no seu segundo cio, o que ocorre, em geral, 6 meses mais tarde.

O criador deve empregar na reprodução somente machos e fêmeas selecionados rigorosamente e de elevado padrão. Além disso, deve controlar todas as etapas da sua reprodução, o que é indispensável para que obtenha os melhores resultados, principalmente quando a sua criação é comercial.

A consangüinidade, isto é, o acasalamento entre machos e fêmeas que sejam parentes, principalmente próximos, deve ser evitado, porque soma, tanto as virtudes quanto os defeitos e, por isso, pode ser muito prejudicial, quando não é bem orientada, o que só pode ser feito por pessoas de grande experiência em genética animal.

CICLO ESTRAL OU SEXUAL DA CADELA

Normalmente ele se repete, em média, de seis em seis meses e se divide nas seguintes fases:

1 – **proestro**, com a duração de 9 dias e durante o qual a cadela urina com maior freqüência, apresenta a vulva inchada e vermelha e perda de sangue. Ela atrai o macho, mas não o aceita;

2 – **estro ou cio (9 dias)**. A vulva permanece inchada, mas o sangue pára. Há ovulação nos 2 ou 3 primeiros dias dessa fase. A cadela não só aceita o macho, mas até o procura para o acasalamento;

3 – **metaestro**, que é a fase de regressão. Seu tempo de duração varia, sendo de mais ou menos 90 dias;

4 – **anestro**, que é a fase de repouso dos ovários, dura de 4 a 6 meses e termina quando começa o novo ciclo estral ou sexual.

O CIO

Somente quando atinge a puberdade, ou seja, a maturidade sexual, é que a cadela cocker spaniel tem o seu primeiro cio, o que ocorre, geralmente, quando ela está com 8 a 10 meses de idade.

Como já o mencionamos, o cio dura, em média, 9 dias, mas pode durar de 5 a 12 dias. É nessa fase, provavelmente no seu 2º ou 3º dias, que ocorre a ovulação.

Podemos afirmar que, na prática, é o período mais importante do ciclo estral, porque é a fase fértil da cadela, na qual são feitas as coberturas, que devem ser realizadas 2 a 3 dias após terminar o sangramento, isto é, aproximadamente de 11 a 12 dias do início da perda de sangue. É o período em que a cadela não só aceita o macho, mas até o procura.

Para confirmarmos quando terminou a perda de sangue, basta colocarmos a cadela para dormir sobre um pano ou lençol branco ou claro, pois ele ficará sujo de sangue todas as noites. No primeiro dia em que o lençol amanhecer "limpo", é sinal de que a hemorragia parou. Basta, então, começar a contar 11 ou 12 dias do início do sangramento, para realizar a cobertura da cadela.

Uma alimentação muito abundante, defeituosa ou afrodisíaca; distúrbios glandulares; consangüinidade, etc., podem provocar diminuição ou até a ausência do cio. Quistos ovarianos, algumas doenças, etc., podem provocar um cio permanente nas cadelas que, por isso, são chamadas de ninfômanas (de ninfomania). Além disso, quando as cadelas têm uma inflamação no útero (metrite), podem ter o seu sangramento com uma duração anormal. As muito gordas, dificilmente concebem e entram em gestação. Além disso, o excesso de gordura torna o parto difícil.

Antes de a cadela entrar no cio e de ser acasalada, deve fazer um exame de fezes e tomar um vermífugo, para que não transmita vermes aos seus filhotes, quando eles nascerem.

PREPARO PARA O ACASALAMENTO

Embora o acasalamento, em geral, se realize normalmente, quando a cadela é virgem e o macho também o é, ele pode se tornar bastante difícil. Nesse caso, é necessário que o dono intervenha, para "ajeitar as coisas". Na maioria das vezes, o seu objetivo é fazer com que o macho, quando menor do que a cadela, possa "alcançar" a vulva, para que se realize a cobertura.

O melhor, antes de juntarmos o macho e a fêmea para o acasalamento, é tomarmos alguns cuidados, como os que se seguem: 1 – não acasalar cadelas de 1º cio, mas somente do seu 2º cio em diante; 2 – quando os cães não são mais ou menos da mesma idade, o melhor é acasalar um macho novo com uma fêmea mais velha e experiente, ou então um macho mais velho com uma fêmea jovem, principalmente quando ela é virgem; 3 – só acasalar cães que possuam os órgãos genitais perfeitos e que não apresentem defeitos, inflamações, infecções, corrimentos, cortes, ferimentos, abscessos, tumores, etc.; acasalar, de preferência, machos e fêmeas que sejam mais ou menos do mesmo tamanho, para que não surjam problemas, mas só durante a cobertura, pois o maior pode sair "arrastando" o menor, causando-lhe, às vezes, sérias lesões, inclusive fratura do osso peniano do macho ou da bacia da fêmea, mas também durante o parto, quando os fetos nascem muito grandes para o tamanho da cadela, porque o macho era maior do que ela; só acasalar cães em perfeitas condições de saúde e livres de parasitas externos ou interno (vermes); vacinados; quando necessário, amarrar o focinho da cadela ou colocar-lhe uma focinheira, para evitar que morda o macho; fazer a cobertura da fêmea 2 a 3 dias após parar a sua perda de sangue; o acasalamento deve ser realizado em um ambiente sossegado, porque alguns machos se distraem com facilidade e, de preferência, somente com a presença da pessoa que vai controlar a cobertura.

O RITUAL DO ACASALAMENTO

Quando o macho e a fêmea vão se encontrar pela primeira vez, ao serem colocados juntos, para o acasalamento, devemos proceder da seguinte maneira, para evitar que briguem e possam até se ferir gravemente: 1 – uma pessoa segura o cão pela guia, e uma outra, a cadela, mantendo-os separados e a uma certa distância, para que eles se vejam e para que possam ser vistas as atitudes que tomam em relação um ao outro; 2 – caso um tente avançar sobre o outro, deve ser contido pela guia e acalmado com palavras; 3 – ir deixando, aos poucos, que os dois se aproximem um do outro, até que possam se cheirar; 4 – se começarem a abanar a cauda e não demonstrarem nenhum sinal de agressividade, as guias podem se afrouxadas para que eles se reconheçam melhor, o que fazem cheirando, principalmente as regiões anal e genital do seu parceiro; 5 – se não houver nenhuma reação hostil e eles, às vezes até abanarem a cauda, podemos soltá-los da guia, livres para o acasalamento, que será realizado quando a fêmea está no cio; 6 – terminada a cobertura, após ficarem "engatados" por alguns minutos, os animais se separam normalmente; 7 – isolar o macho da fêmea e fazer uma boa higiene, sendo que a da fêmea deve ser só externa.

A cobertura pode ser repetida 1 ou 2 vezes, se o criador o desejar, mas com intervalos de 1 dia entre elas, pois a cadela ainda aceita o macho por mais uns 5 a 7 dias.

ACASALAMENTO OU COBERTURA

É a relação ou ato sexual entre o macho e a fêmea, possibilitando a fecundação dos óvulos pelos espermatozóides, sem a qual não pode haver

Canil Macoe's Place. 1- momento do acasalamento.

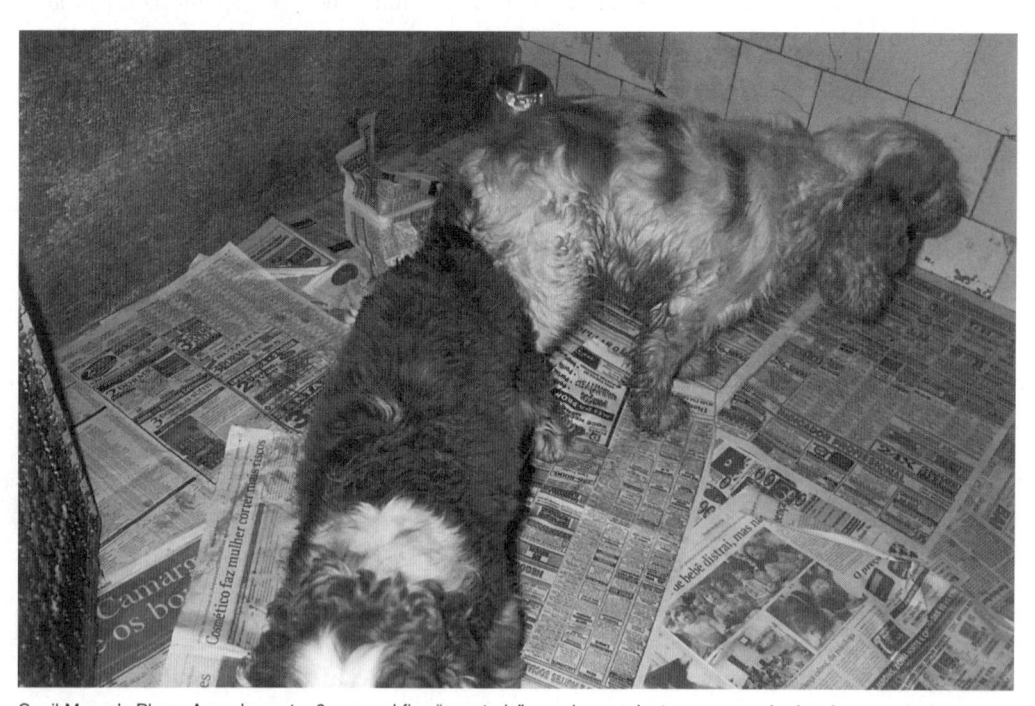

Canil Macoe's Place. Acasalamento. 2- o casal fica "engatado" por alguns minutos, separando-depois, normalmente.

reprodução e, em conseqüência, a criação. Ele ocorre devido à atração sexual do macho pela fêmea e desta por ele, atração esta estimulada por hormônios sexuais que provocam o "cheiro" típico da cadela no cio e que atrai os machos. Deve ser feito na presença de uma pessoa, para que ela verifique se ele foi realizado normalmente, e para intervir, se necessário.

Ele deve ser realizado 11 ou 12 dias depois de começada a "perda de sangue" da cadela, embora isso possa variar um pouco pois, embora o melhor dia esteja nesse período, não há um dia certo para ela conceber ou entrar em gestação. Os melhores dias para o acasalamento são aqueles nos quais a cadela não só aceita o macho com maior facilidade, mas também o procura e até monta nele ou em outras cadelas "avisando", dessa maneira, que está em pleno cio e no máximo de excitação possível.

Um sinal típico de que a cadela está no cio e muito excitada, é o fato de ela levantar ou desviar a cauda para um dos lados, de maneira especial, para seduzir o macho, pois isso facilita o acasalamento.

Para "garantir" a fecundação, o acasalamento pode ser repetido 24 ou 48 horas depois de realizado, pois ele pode ser feito até 16 dias após o começo do sangramento.

Nos cães, o acasalamento dura, em geral, 15 minutos, contados a partir da penetração do pênis na vagina da cadela e até o casal se separar normalmente, embora possa demorar mais, levando, às vezes, 30 minutos ou até mais tempo. Por esse motivo, quando é "contratado" um padreador para fazer uma cobertura, o "serviço" é considerado satisfatório quando os dois animais ficam juntos ("engatados") durante 15 minutos. Isso é muito importante, porque a ejaculação do cão é feita em gotas e lentamente.

Por ser de grande importância, chamamos a atenção para um detalhe no acasalamento dos cães: o pênis do cão, quando penetra na vagina da cadela, se encontra mais ou menos flácido, ou seja, um tanto "mole". Assim que chega ao seu interior, no entanto, entra em ereção total, fica entumescido e rígido. Além disso, o pênis do cão possui 2 protuberâncias ou "bolas", uma de cada lado. Quando ele vai penetrando na vagina da cadela, essas "bolas", ainda moles, vão se ajustando e passam entre os ossos pélvicos. Quando, no entanto, já estão dentro da vagina e o pênis entra em ereção total, elas também aumentam de volume e ficam duras, não deixando o pênis sair: é por isso que o casal fica "engatado". O casal só pode se separar, normalmente, quando a ereção vai diminuindo, voltando o pênis e as "bolas" a ficarem mais moles e menores, passando novamente pelos ossos pélvicos da cadela e saindo da vagina, o que permite ao macho e à fêmea se separarem normalmente.

Portanto, quando o cão e a cadela estiverem juntos, devem ser deixados sós e bem sossegados, porque se forem importunados ou espantados podem fazer movimentos ou até correr, um deles arrastando o seu parceiro, tentando se separar antes do tempo, o que lhes provoca dores, sofrimentos, ferimentos ou lesões graves e até fraturas do osso peniano do cão ou dos ossos da bacia da cadela. Normalmente, porém, o acasalamento é realizado sem nenhum problema.

Importante, também, é que o macho e a fêmea não fiquem juntos por vários dias, mesmo que a cadela esteja no cio, pois isso não é necessário e só provocará esgotamento, principalmente do macho.

CUIDADOS APÓS O ACASALAMENTO

Terminado o acasalamento com um determinado macho, o mais importante é evitar que outro macho se aproxime da cadela, pois ele pode acasalá-la e também fecundá-la (ver superfecundação, pág. 55) o que iria causar sérios problemas, inclusive prejuízos para o criador que não saberia, depois, qual seria o pai dos filhotes ou se nasceriam filhos dos dois machos.

Terminado o cio, a cadela volta à sua vida normal, até que sua gestação fique comprovada.

ANTIPATIA SEXUAL

Entre os cães pode haver antipatia sexual, como ocorre entre as pessoas. Por esse motivo, as cadelas, às vezes, não aceitam um certo macho mas aceitam outros machos que a elas sejam juntados para o acasalamento. O mesmo pode ocorrer com os machos. Às vezes eles se recusam a cobrir determinada cadela mas, quando são colocados junto a outras fêmeas, fazem a sua cobertura sem nenhum problema. Não devemos, portanto, insistir demais para que haja o acasalamento entre um macho e uma fêmea que não querem se acasalar.

IMPOTÊNCIA SEXUAL E FATORES PSÍQUICOS

Às vezes, uma cadela no cio é juntada ao macho, para o acasalamento mas, por mais que ela se esforce para ser coberta, montando, inclusive, sobre o cão, este não se interessa por ela, não sendo realizada a cobertura. A indiferença sexual por ele demonstrada pode estar ligada a um problema psíquico, porque o cão foi desmamado muito cedo e criado na mamadeira, com todo o amor e carinho, em uma casa ou apartamento, sem sair e, por isso, sem haver tido contato com nenhum outro animal da sua espécie. Esse problema, portanto, pode não ser provocado por doenças orgânicas, infecciosas ou parasitárias, anomalias, desvios ou impotência sexual. O que ocorreu foi que, pelo seu modo de vida, o cão se integrou à família que o acolheu e se considera como um integrante da espécie humana, perdendo, por isso, todo o interesse, inclusive sexual, por outros cães, até mesmo fêmeas em cio, que ele considera de outra espécie.

Má alimentação, doenças, etc., também podem provocar uma impotência sexual no cão, impossibilitando-o de fazer os acasalamentos, mesmo que a cadela esteja no cio e até o "provoque".

GESTAÇÃO OU PRENHEZ

A cadela entra em gestação após o acasalamento ou por inseminação artificial, mas sempre como resultado da fecundação dos óvulos pelos espermatozóides, formando os ovos fertilizados. Ela começa exatamente no momento da **nidação**, isto é, no momento em que os ovos vindos das trompas de Falópio se fixam no útero e termina com o parto, com a expulsão dos fetos do organismo da cadela, ou seja, o nascimento dos filhotes.

Através da gestação, portanto, os ovos que a cadela mantém em seu útero, se transformam em embriões e estes em fetos, cada um dos quais fica alojado em uma bolsa d'água independente, até o seu nascimento.

PERÍODO DE GESTAÇÃO

Varia de acordo com a raça da cadela e de acordo com outros fatores, inclusive individuais. O das cockers spaniels é de 63 dias, mas varia de 56 a 65 e até 69 dias.

Um dos fatores que mais influem sobre o período de gestação das cadelas é o número de fetos: quanto maior a ninhada, mais curto ele será e quanto menor o número de fetos, mais longa será a gestação.

Filhotes nascidos 6 dias antes do período médio e normal de gestação, geralmente não sobrevivem.

SINAIS DE FECUNDAÇÃO E DE GESTAÇÃO

São normalmente necessários 30 a 35 dias após o acasalamento, para que pessoas com pouca prática na reprodução de cães possam confirmar se a cadela está prenha, pois, nos primeiros dias, não existem sintomas que indiquem que ela concebeu e entrou em gestação. Alguns dias depois, no entanto, alguns sinais já nos podem dar alguns indícios de uma possível gestação. Temos, entre eles: a cadela aparenta maior calma e começa a engordar; seu andar vai se modificando; seu corpo se altera, principalmente a barriga, que vai se esticando e aumentando mais nos lados. No 2º mês, no fim da gestação, as tetas vão crescendo, engrossando e, quando espremidas, sai delas um leite amarelado. Os movimentos dos fetos podem ser facilmente observados pelo lado externo da barriga, principalmente na última semana de gestação e quando a cadela se deita de lado.

Com o emprego de um estetoscópio ou até com o ouvido, podemos escutar as batidas dos corações dos fetos. A palpação ventral, embora seja um excelente método para o diagnóstico da gestação da cadela, deve ser feito com todo o cuidado para evitar problemas, às vezes graves como, p. ex., traumatismos nos fetos.

ULTRASSONOGRAFIA

Sendo empregado esse método de diagnóstico, 21 dias após o acasalamento, já é possível verificar, com segurança, se uma cadela entrou em gestação. Para isso, é necessário uma aparelhagem especial.

GESTAÇÕES ANORMAIS EM CADELAS

Podemos mencionar entre elas: 1 – gestações extra-uterinas, entre as quais as que ocorrem nas trompas de Falópio e que são de alto risco para a vida da cadela; 2 – aborto, isto é, a expulsão dos fetos do organismo da fêmea antes do tempo normal para o parto e antes de eles estarem em condições de sobrevivência; 3 – formação de monstruosidades, ou seja, de fetos completamente anormais; 4 – reabsorção de fetos que morreram no útero, quando a cadela estava com 30 a 45 dias de gestação e 5 – fetos que morrem e que ficam mumificados no útero da cadela.

EXERCÍCIOS PARA GESTANTES

Quando em gestação, a cadela deve fazer exercícios diários mas sem exageros, porque eles estimulam a sua respiração e a sua circulação sangüínea; o funcionamento dos seus intestinos, evitando a constipação ou prisão-de-ventre e exercitam toda a musculatura do seu corpo, deixando-a em melhores condições físicas, ajudando-a muito, nos trabalhos de parto. Esses exercícios, quando a cadela tem uma alimentação adequada e bem controlada, concorrem para que ela não engorde muito, o que a ajudará bastante no parto, pois gordura em excesso dificulta o nascimento dos cãezinhos e causa maiores sofrimentos à parturiente e aos filhotes.

A cadela gestante não deve se cansar muito, principalmente nas últimas semanas antes do parto, para que passe por ele, descansada física e psicologicamente.

GESTAÇÃO E ALIMENTAÇÃO

Estando no primeiro mês de gestação, a cadela pode continuar a se alimentar como o fazia antes do acasalamento. Durante a gestação, no entanto, o organismo da cadela tem que formar e alimentar os seus fetos e, além disso, após o parto, ela tem que produzir muito leite para alimentar os filhotes. Por esses motivos, é indispensável que ela receba uma alimentação adequada, sadia, limpa, fresca e abundante mas não gordurosa e nem em excesso, principalmente para ela não engordar muito. Sua alimentação deve ser, ainda, bem equilibrada e composta de proteínas, hidratos de carbono, sais minerais e vitaminas.

Como alimentos indicados para a cadela temos as rações balanceadas industriais, farinhas, cereais, verduras, carnes, peixes, ovos, etc.

No seu 2º mês de gestação, devemos dar à cadela, 2 refeições ao dia, mas uma quantidade de alimento 20 a 30% maior do que ela recebia anteriormente, porque, nesse período, o desenvolvimento dos fetos é muito grande e exige maiores quantidades de elementos nutritivos. É necessário, porém, evitar uma superalimentação, para que a cadela não engorde, como já o mencionamos. Devemos dar-lhe, também, diariamente, um complexo de vitaminas e de sais minerais, além de água limpa, fresca e à vontade. Alimentação inadequada, deficiente ou insuficiente ou a falta de água podem causar uma série de problemas, às vezes graves, para a cadela gestante ou em lactação.

Quando houver qualquer problema durante a gestação, como p. ex., tristeza, abatimento, excitação, falta de apetite, febre, corrimento vaginal com ou sem sangue ou pus, a cadela deve ser examinada imediatamente pelo médico veterinário, para que sejam tomadas as providências necessárias, das quais pode depender o sucesso da gestação ou a ocorrência de um aborto.

FALSA GESTAÇÃO

Quando uma cadela no cio é coberta por um macho, ela pode, depois, apresentar todos os sintomas de que entrou em gestação: fica mais calma; começa a engordar; a sua barriga ou ventre vai crescendo; suas mamas aumentam de tamanho e quando são espremidas, soltam um leite amarelado.

Acontece porém que, passado o período normal de uma gestação, que na raça cocker spaniel é de 56 a 69 dias, a cadela não entra em trabalho de parto, não tem os tão esperados filhotes, começa a emagrecer, volta ao seu estado normal, sem nenhum sintoma de gestação, frustrando assim, todas as expectativas da "chegada" de uma grande ninhada de lindos cãezinhos. Tudo isso aconteceu porque, realmente, não houve nenhuma gestação e sim uma falsa gestação, também conhecida por pseudo-gestação ou gestação psíquica, porque a cadela foi acasalada normalmente por um macho estéril ou até por haver montado sobre o macho ou mesmo sobre outra cadela ou ser por ela montada, e por isso haver tido o orgasmo, o que desencadeou o seu mecanismo da reprodução, fazendo-a pensar que estava grávida e que, por isso, apresentasse todos os sintomas de uma gestação verdadeira.

No caso de uma falsa gestação ou gestação psíquica, a medida a ser tomada é esperar que a cadela tenha um novo cio para que seja novamente acasalada, mas com um macho que, comprovadamente, seja fértil e fecundo.

QUANDO OS FETOS MORREM

Quando uma cadela é acasalada por um macho normal, entra em gestação, mas os embriões morrem no interior do seu útero, interrompendo essa prenhez, e apesar de a cadela não mais estar em gestação, sua mente ainda pode continuar condicionada a este estado, a cadela continua "pensando" que está grávida e, por isso, continua a apresentar todos os sintomas de uma gravidez, por outra causa, mas cujos sintomas continuam até à época em que ocorreria o parto normal, que não acontece. Também neste caso, os sintomas da falsa gestação desaparecem e a cadela volta ao seu estado normal.

Essa morte dos embriões pode ter várias causas: consangüinidade estreita, ou seja, entre parentes próximos; fatores letais; intoxicações; doenças, etc.

O LEITE E A FALSA GESTAÇÃO

Mesmo uma cadela em falsa gestação, quando vai chegando a época em que se daria o parto, vai ficando com as tetas maiores, túrgidas e que começam a produzir leite. Nesse caso, para que ela não sofra muito, porque as suas mamas ficam cheias de leite, e para diminuir as dores que pode estar sofrendo, devemos colocar compressas ou panos quentes e fazer massagens sobre elas. Melhor ainda é "tirar" um pouco de leite para diminuir a tensão nas mamas e aliviar o sofrimento da cadela. Essas "tiradas" ou ordenhas, no entanto, podem aumentar a produção do leite e, em certos casos, a cadela pode até ser aproveitada como ama-de-leite para cãezinhos órfãos ou excedentes de outras ninhadas.

VENTRE SUJO OU CADELA ESTRAGADA

Muitas pessoas "acham" que se uma cadela pura, de uma determinada raça, for acasalada por um macho de oura raça ou por um cão mestiço ou sem raça definida, fica "estragada" ou com o "ventre sujo" e que depois, mesmo que no cio seguinte seja coberta por um bom padreador da sua raça, não produzirá bons filhotes. Nada mais errado do que tal afirmativa ou crença, porque uma gestação, analisada em relação ao seu fator genético ou hereditário, nada tem a ver com as gestações anteriores ou com as seguintes, como verificaremos a seguir.

Quando entra no cio e ovula, uma cadela produz um determinado número de óvulos maduros que são lançados dos ovários para as trompas, dentro das quais eles são fecundados pelos espermatozóides ejaculados pelo macho, na vagina da cadela, durante o acasalamento.

Alguns desses óvulos são fecundados, transformam-se em ovos férteis, saem das trompas e vão para o útero, no qual se fixam, ocorrendo assim a **nidação** e, com ela, o início da gestação.

Os espermatozóides que "sobraram" e os óvulos que não foram fecundados morrem dentro de poucas horas, não havendo, depois, nem vestígio da sua existência, o que faz com que a cadela fique total e completamente livre de todo e qualquer elemento reprodutor, masculino ou feminino, isto é, dos espermatozóides e dos óvulos, o que impossibilita toda e qualquer interferência desses óvulos e espermatozóides, que não mais existem, em uma futura gestação.

A cadela, portanto, fica totalmente "limpa", não havendo nenhuma possibilidade de o macho que a acasalou, em um cio, influir em uma outra fecundação ou gestação, 6 meses depois, porque, como já o mencionamos, não há condições de os espermatozóides e de os óvulos ou os ovos sobreviverem no interior da cadela até que, 6 meses depois, ela entre novamente no cio, ovule e esteja em condições de fecundação e de entrar novamente em gestação.

Como é através dos cromossomos que os espermatozóides possuem, que o macho transmite as suas características a seus filhos, se na fecundação e na gestação seguintes não mais existem espermatozóides do macho que fez a cobertura anterior, ou óvulos por eles fecundados, é impossível que ele influa em uma nova gestação que a cadela teria, no mínimo, 6 meses depois.

ABORTO

É a expulsão dos fetos antes de completarem a sua formação no útero materno. Não é muito comum em cadelas, embora elas possam ter o **aborto natural**.

Entre as causas de abortos, podemos mencionar: consangüinidade; pancadas; quedas; calor muito forte; doenças infecciosas, parasitárias ou orgânicas; fêmeas acasaladas com machos com blenorragia; sustos causados por barulhos súbitos e elevados, como gritos, tiros, explosões, etc.; presença de animais estranhos, principalmente selvagens; cadelas enxertadas muito novas; acasalamentos com machos muito novos; intoxicações alimentares ou medicamentosas; envenenamentos; constipação por defeitos de alimentação como, p. ex., o abuso de grãos e farelos; alimentação defeituosa ou insuficiente; má qualidade dos alimentos, gordura excessiva, etc.

Quando uma cadela abortar, deve ser isolada imediatamente e levada ao médico veterinário para exame e o diagnóstico da causa do aborto, pois ele pode ser de origem infecciosa, podendo ser transmitido a outras cadelas.

Existe, também, o aborto causado por acidentes como pancadas ou quedas e o **aborto provocado** por problemas alheios ao organismo da cadela e tão somente pelo desejo do seu dono, quando não quer que ela tenha a ninhada, em geral, porque foi acasalada contra a sua vontade e, principalmente, quando o foi por um macho de outra raça, mestiço, defeituoso ou doente. Nesse caso, a cadela deve ser levada imediatamente ao médico veterinário, para que ele possa intervir, evitando a nidação, isto é, a fixação dos ovos no útero da cadela e, portanto, antes que comece, realmente, a gestação. Isso seria possível até 2 dias depois do acasalamento, ou então, para que provoque o aborto, o mais cedo possível.

Embora o aborto possa ser provocado durante praticamente toda a gestação, o melhor é permitir que a cadela tenha, normalmente, os seus filhotes, através de um parto normal.

CAPÍTULO 9

O PARTO

CUIDADO – A CADELA PODE FICAR BRAVA

Quando uma cadela entra em gestação, por mais mansa e dócil que seja, pode mudar o seu comportamento e até mesmo com os seus melhores amigos, em geral, os seus donos e suas famílias. Essa mudança pode variar, indo de um simples afastamento das pessoas; uma diminuição das suas demonstrações de amizade ou até mesmo a uma agressividade mais ou menos intensa contra elas.

A alteração no seu comportamento pode ser mais acentuada ainda, quando nascem os filhotes e, às vezes, até bastante perigosa, porque ela pode se tornar, além de agressiva, até feroz, atacando quem se aproximar do seu ninho, exceto os seus donos e as pessoas que com ela convivem diariamente, pois tem muito ciúme dos seus filhotes e os defende, principalmente nos 3 primeiros dias após o seu nascimento. Quando, no entanto, ela é muito incomodada, pode ficar sem leite para amamentar os filhotes; enjeitar a ninhada ou até mesmo devorar os próprios filhotes (canibalismo).

PREPARANDO A CADELA PARA O PARTO

No 2º mês de gestação da cadela, devemos tomar algumas providências como: cortar ou raspar os pêlos das suas regiões mamária e genital, para facilitar a sua higiene pré-natal, o próprio parto e as mamadas dos filhotes; proporcionar-lhe instalações boas e adequadas, mas que sejam higiênicas e quentes, ou seja, um **ninho**, para que nele se realize o parto e ela tenha o sossego necessário para que nasçam os seus filhotes e aí os possa manter até à desmama; proporcionar-lhe toda a assistência física e psíquica e até ajudá-la, quando for necessário, mas somente em último caso; manter sempre, no ninho ou no ambiente em que ele se encontra, uma temperatura mínima de 28 a 32 °C, mesmo que seja artificial, o que pode ser conseguido com lâmpadas infravermelhas ou com aquecedores elétricos, para o conforto e o desenvolvimento dos filhotes nas suas primeiras semanas de vida. O calor é muito importante para eles, porque o frio é uma das causas mais comuns da mortalidade entre os cãezinhos. Passada essa fase a temperatura pode baixar para 23 a 25 ° C.

No caso de a cadela viver fora da casa do dono, o parto pode ser realizado dentro da sua casinha, desde que ela possa, depois, comportar a cadela e os seus filhotes, até à desmama; que apresente condições satisfatórias de higiene, temperatura e conforto e que nela já exista um ninho confortável.

Quando a cadela vive em um canil, normalmente não há problema, porque nele existe sempre uma boa maternidade. O melhor é que a cadela comece a dormir no ninho, alguns dias antes do parto, para ir se acostumando com as novas instalações.

O NINHO

É indispensável para que a cadela nele se abrigue, tenha os filhotes e os possa aí manter até à desmama. Quando fica dentro da casa do criador, pode ser apenas uma caixa, uma cesta ou um caixote de madeira lisa e, de preferência, impermeabilizada, tendo no fundo panos, cobertores e até papéis ou jornais, de acordo com a temperatura ambiente e o local em que se encontra.

Tamanho. Deve medir, no mínimo, uma vez e meia o comprimento da cadela, para que ela desfrute de um certo conforto e para que possa se deitar dentro dele completamente esticada e bem acomodada para amamentar os filhotes. Além disso, deve ter espaço suficiente para a cadela se mover livremente dentro dele, e os filhotes poderem descansar ou circular à vontade.

O seu fundo pode ser áspero, mas sem farpas, para não ferir as patas dos cãezinhos ou da cadela, ou então forrado com sacos ou panos grossos e ásperos, jornal, palha ou grama seca, para que não fique liso, evitando assim, que os filhotes nele escorreguem, sofram acidentes como luxações, abertura de patas, fraturas, etc. Além disso, o ninho pode ser:

– **aberto ou sem tampa**, tendo a parte da frente mais baixa, para facilitar a entrada e a saída dos filhotes. Este tipo de ninho só deve ser empregado em ambientes fechados ou em regiões de clima quente. Além disso, nos dias frios, deve ser empregado algum tipo de aquecimento para o ambiente, para que a temperatura seja mantida entre 28 e 32 °C durante o parto e por mais alguns dias;

APARELHO REPRODUTOR MASCULINO

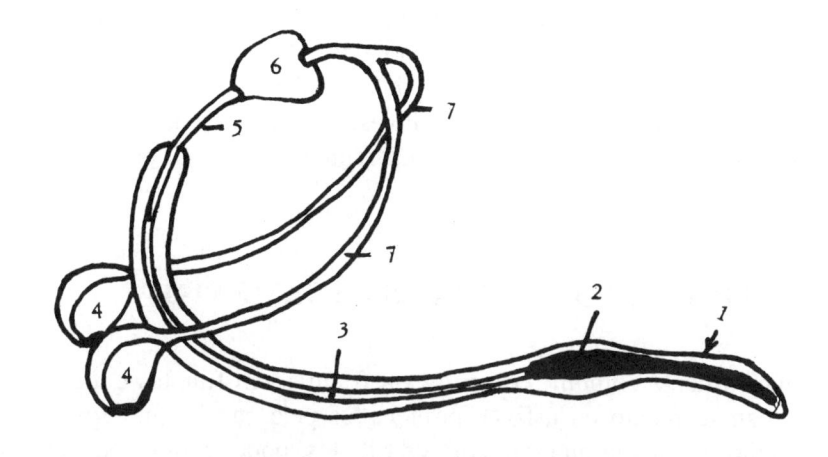

1 — Pênis 2 — Osso Peniano 3 — Uretra 4 — Testículos 5 — Uretra 6 — Próstata 7 — Canais Espermáticos

APARELHO REPRODUTOR FEMININO

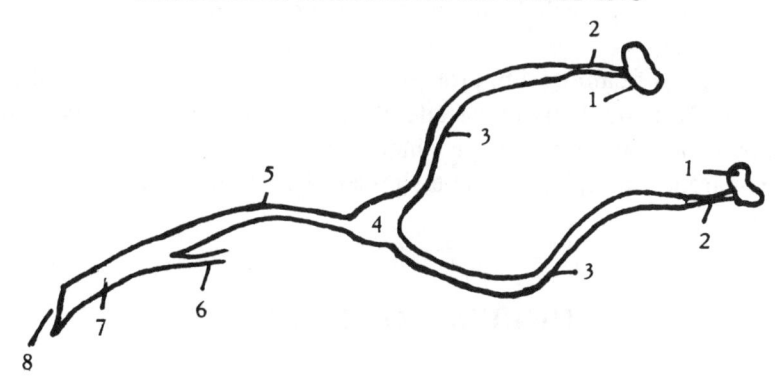

1 — Ovários 2 — Trompas uterinas 3 — Cornos do útero 4 — Útero 5 — Vagina 6 — Uretra 7 — Vestíbulo 8 — Vulva

– **com tampa ou fechado**, mas que tenha uma altura suficiente para que a cadela possa ficar de pé dentro dele e se movimentar com facilidade.

A tampa deve ser presa ao ninho por dobradiças, para que possa ser aberta ou fechada, e para evitar que a cadela, os filhotes ou alguma pessoa nela esbarrem e a derrubem sobre os filhotes, ferindo-os e até os matando. Quando necessário, esse ninho pode ter aquecimento artificial por lâmpadas ou resistências elétricas.

PROTEÇÃO CONTRA ESMAGAMENTOS

É relativamente comum ferimentos ou fraturas em filhotes e até a sua morte por esmagamento ou asfixia, provocados pela cadela que, apesar de todo o carinho e cuidado que tem com os filhotes, pode, com o seu próprio corpo, ao se deitar e sem o perceber, imprensar algum deles de encontro a uma das paredes do ninho ou da maternidade.

Esses acidentes podem ser evitados bastando, para isso, colocar um cano de plástico ou PVC de 1/2 ou 3/4 de polegada de diâmetro ou uma barra roliça de madeira do mesmo diâmetro, como um cabo de vassoura, presos por suportes, ao longo das paredes internas do ninho e delas separados uns 15 a 20 cm e a uma altura do piso de, também, uns 15 a 20 cm. Esse cano de plástico ou o cabo de madeira podem ser substituídos por uma prateleira de madeira de 15 a 20 cm de largura.

Os cãezinhos ficam, assim, protegidos dos mencionados acidentes, porque a cadela não pode deitar encostada nas paredes do ninho e, mesmo que encoste nos canos ou na prateleira, ainda fica um espaço livre entre o seu corpo e as paredes, no qual os filhotes podem ficar, sem o perigo de serem imprensados.

HIGIENE NO NINHO

O ninho deve ser mantido sempre, o mais limpo e seco possível, para que a higiene seja bastante rigorosa, evitando que nele proliferem bactérias, fungos, vermes, etc., que podem atacar a cadela e os seus filhotes. A cadela é muito "limpa", cuidando muito bem do ninho enquanto nele permanece com a ninhada, fazendo muito bem a sua limpeza e o conservando bastante limpo. É necessário, porém, que o criador o inspecione, cuidadosamente, para tomar as providências ou medidas higiênicas quando isso se fizer necessário.

Canil Macoe's Place. Lote de filhotes com as seguintes cores: fígado e tan; tricolor (branco,fígado e tan); black-and-tan; fígado sólido; preto sólido; branco e laranja; dourado; fígado ruão e azul ruão.

Nosey's Club English Cockers. Susie Patijon de Burnier. Fêmea. Cor laranja ruão,com ninhada de 11 filhotes todos cor azul ruão.

Nosey's Club. Eva's Tantation. Fêmea. Cor black-and-tan.

Nosey's Club Go for it Bene. Cor dourada. Filhote com 40 dias de idade.

UM ACOMPANHANTE DURANTE O PARTO

A sua presença é muito importante, principalmente quando for o primeiro parto da cadela, para que ela sinta que está sendo apoiada e protegida, ficando, por isso, bem mais calma. A pessoa que a esta assistindo, no entanto, deve ser bastante calma e não nervosa, pois transmite à cadela o seu estado de espírito, o que iria influir no seu comportamento durante o parto, no tratamento dos seus filhotes e poderia até influir na sua produção de leite e na amamentação dos filhotes recém-nascidos. Além disso, só deve intervir para ajudá-la ou a seus filhotes, em caso de necessidade.

MATERIAL NECESSÁRIO

Quando a cadela entra em gestação, o criador já pode ir providenciando o material que poderá ser necessário para atendê-la antes, durante e depois do parto, como tesouras; bisturi ou um canivete bem afiado; pinça hemostática; fios de sutura para "amarrar" os cordões umbilicais dos filhotes; toalhas para limpar a cadela e enxugar os filhotes; algodão; desinfetantes como iodo, mercurocromo, mertiolate, etc.; violeta genciana para numerar os filhotes, etc.

O PARTO

É a expulsão dos fetos do organismo da cadela, após completarem o seu desenvolvimento no útero da gestante. É provocado pelas contrações abdominais e uterinas, sendo estas últimas controladas por determinados hormônios e pelos movimentos reflexos dos fetos, sendo elas que provocam as "dores" do parto.

As cadelas cockers spaniels têm, geralmente, partos normais e que ocorrem, em média, 62 a 63 dias após o acasalamento, embora esse período possa ser de 56 a 69 dias.

Quando vai chegando o dia do parto, as mamas da cadela vão aumentando, ficam inchadas, "duras" e quando são espremidas, sai delas um leite amarelado.

O parto, geralmente, ocorre durante a noite, embora possa ser realizado a qualquer hora do dia.

SINAIS DE PARTO PRÓXIMO

A cadela deve ser observada constantemente, pelo menos uns 6 a 10 dias antes da data prevista para o parto, porque ele pode se antecipar alguns dias e, com isso, causar problemas.

Quando há suspeita de que possa ocorrer um parto prematuro, devemos medir a temperatura da cadela: se ela estiver abaixo do normal, que é de 38,5 °C, atingindo somente 37,5 ou 37 °C, existe, realmente, a possibilidade de que isso aconteça. Devemos levar em consideração, no entanto, que, 12 horas antes, mesmo em partos normais, a temperatura da cadela baixa para menos de 37,8 °C, variando de 36 °C a 37 °C. Outro sintoma de parto próximo é que 2 ou 3 dias antes de ele ocorrer, o ventre da cadela "baixa" e as pessoas dizem que "a barriga já desceu". Quando a cadela começa a arranhar e a "cavar" a cama, é sinal de que o parto vai começar dentro de, no máximo, 24 horas.

DIA DO PARTO

No dia do parto, a cadela vai ficando cada vez mais inquieta e angustiada; não come; fica andando de um lado para o outro, sem parar; entra e sai do ninho; procura lugares escuros, calmos, silenciosos e quentes, o que é muito importante para ela e os filhotes que está esperando.

Para escurecer o interior do ninho e evitar que correntes de ar ou ventos, nele penetrem, o melhor é colocar uma cortina na sua porta.

A cadela necessita de um ninho e até o faz com papéis ou panos. Quando anda solta, chega a cavar um buraco no terreno, para fazer um ninho, como o faziam os seus ancestrais selvagens.

OS TRABALHOS DE PARTO

As secreções vaginais ou "descarga" da cadela vão aparecendo e aumentando para lubrificar, cada vez mais, a sua vagina, facilitando a saída dos filhotes. O local em que se encontra a cadela fica todo molhado com essas secreções.

Sua vulva fica mais inchada, maior, mais elástica e apresenta contrações. Fixado ao colo do útero existe um tampão mucoso que se desprende, aumentando a lubrificação da vagina para que os fetos deslizem por ela, com maior facilidade. É justamente durante esse período do parto, que o colo do útero vai se dilatando, o que facilita a passagem dos fetos para a vagina, pela qual são expelidos para o exterior, através da vulva, nascendo, assim, os filhotes.

Contrações uterinas e abdominais leves, que são facilmente notadas, seguidas de períodos de relaxamento ou de repouso, indicam que o parto já começou. Essas contrações vão ficando cada vez mais fortes e menos espaçadas, forçando a saída dos fetos do ventre da cadela e, portanto, o seu nascimento.

Durante o parto, a cadela costuma, normalmente, olhar muito para trás, para a sua cauda, que ela lambe, nervosamente. Quando sente as "dores" ou contrações, ela geme, se contorce e, muitas vezes, se deita de lado. Na hora das contrações, ela "faz força" ajudando, assim, a expulsão dos fetos, para que eles nasçam mais depressa e ela sofra menos. No caso de a cadela "não ajudar", a pessoa que a está acompanhando deve estimulá-la a fazer força, para que os fetos sejam expelidos mais rapidamente, terminando o parto mais cedo e evitando maiores sofrimentos para ela e para os filhotes.

Quando o parto é muito demorado, a cadela pode se cansar demais, até à exaustão, tornando necessária uma operação cesariana para salvar a sua vida e a de seus filhotes.

O primeiro parto, em geral, é mais demorado do que os seguintes.

O NASCIMENTO DOS FILHOTES

Quando um filhote começa a nascer, o primeiro sinal que apresenta é a saída da "água", ou seja, do líquido amiótico, surgindo ele, logo depois, dentro de uma bolsa: essa é a primeira "coisa" que aparece na vulva da cadela. Cada bolsa d'água contém somente um feto que, normalmente, nasce com apresentação cefálica, isto é, sai primeiro a cabeça, depois o ombro, o resto do corpo e, por fim, as pernas traseiras. É muito comum, também, a apresentação posterior, ou seja, de nádegas ou de cauda mas, também neste caso, o parto geralmente é normal. Podem ocorrer, ainda, algumas apresentações anormais, tornando o parto difícil ou até impossível, exigindo uma intervenção cirúrgica.

Caso o feto apareça na vulva da cadela e não nasça dentro de 5 minutos, o acompanhante deve puxá-lo com cuidado, para não feri-lo.

Quando ele puder segurar a cabeça ou as patas de um filhote que está nascendo, pode puxá-lo para fora, durante as contrações, para ajudar a cadela e para o filhote nascer mais rapidamente.

Quando a bolsa d'água arrebenta, o 1º cãozinho pode nascer dentro de poucos minutos ou em 1 ou 2 horas depois de iniciados os trabalhos de parto. Embora possam variar, os intervalos entre os nascimentos dos filhotes são, geralmente, de 20 minutos a 1 hora.

Depois de terminado o parto, devemos fazer uma palpação na barriga da cadela, para verificar se nasceram todos os filhotes ou se algum deles ainda ficou no seu ventre.

ATENÇÃO! IMPORTANTE!

Caso comecem as contrações, e dentro de 2 a 3 horas, no máximo, o primeiro filhote não nascer, é sinal de que algo de anormal está acontecendo e a cadela deve ser levada imediatamente a um médico veterinário para que tome as devidas providências.

PROBLEMAS DURANTE O PARTO

Não são muito comuns, mas podem ocorrer. No caso de a cadela não ajudar nas horas das contrações, fazendo força, para a expulsão dos fetos, deve ser induzida a contrair a barriga. Quando ela ficar "mole", sonolenta ou cansada, após um parto demorado ou difícil, devemos reanimá-la dando-lhe, inclusive, um café com açúcar ou até mesmo um estimulante. Se a cadela não cortar o cordão umbilical do filhote ou não retirá-lo da bolsa d'água, o seu acompanhante deve fazê-lo imediatamente. Depois, ele deve virar o filhote de cabeça para baixo e dar-lhe uma "palmadinha", para que ele comece a respirar, como é feito com os bebês. Logo que ele começar a respirar normalmente, deve ser bem limpo com uma toalha ou um pano seco e depois colocado na cadela, para mamar.

Os fetos, como já o mencionamos, nascem normalmente. Às vezes, no entanto, podem surgir complicações causadas por sua apresentação em uma posição anormal como, p. ex., de um só membro (primeiro uma só perna) ou quando a bacia da cadela é muito estreita, principalmente nas raças de cães de cabeça grande.

Em alguns casos, no entanto, o melhor é levar a cadela a um médico veterinário e, entre eles, podemos mencionar: quando parecer que a cadela está sofrendo muito; os intervalos entre os nascimentos dos filhotes são muito longos; os filhotes estão nascendo com muita dificuldade; o número de filhotes nascidos é muito pequeno em relação ao tamanho da barriga da cadela; há muito tempo não nasce outro filhote e, além disso, quando a cadela não expelir a placenta.

Resumindo, devem ser tomadas providências imediatas, quando o parto for muito difícil ou anormal e, entre as quais temos: 1 – indução do parto, com a aplicação de hormônio, e com sucesso, às vezes, até 12 horas após o início das contrações; 2 – extração dos fetos, com o auxílio de instrumentos especiais; 3 – operação cesariana para a retirada dos fetos; 4 – embriotomia, ou seja, o sacrifício dos fetos e a sua retirada e 5 – a histerectomia, isto é, a retirada total do útero, sendo os fetos salvos, quando a intervenção é realizada a tempo de encontrá-los com vida.

Intervenções rápidas devem ser realizadas em determinados casos como, p. ex., no de hipertrofia fetal (fetos grandes demais); teratológicos, ou seja, de monstruosidades como fetos de 2 cabeças, etc.; número excessivo de fetos (mais de 10), etc.

PLACENTA

Normalmente, mais ou menos 15 minutos após o nascimento de todos os filhotes, recomeçam as contrações para a expulsão da placenta maternal. Caso isso não ocorra, devemos tomar imediatamente as providências necessárias para a sua extração, porque a retenção da placenta pode causar infecções uterinas e até mesmo a esterilidade da cadela.

Quando, após o parto, a cadela apresentar febre, normalmente é um sintoma de infecção, geralmente por retenção de placenta ou de outros resíduos do parto.

ALGUNS CUIDADOS COM A CADELA

Assim que cada filhote acaba de nascer, a cadela corta, com os dentes, o cordão umbilical que a liga ao feto, através da placenta, rompe a bolsa d'água e depois retira o cãozinho de dentro dela, o lambe vigorosamente para limpá-lo e, principalmente, para ativar a sua respiração e a sua circulação sangüínea.

Logo que termina a "limpeza" do filhote e ele já está respirando normalmente, a cadela, com o focinho, o puxa para junto das suas mamas, para que ele pegue uma teta, com maior facilidade e comece a mamar, o que é indispensável para ele.

Feito esse "serviço", a cadela começa a comer a placenta e todas as matérias fetais, o que não deve ser impedida de fazer, porque isso não é apenas um seu hábito natural, mas também uma necessidade, pois elas são ricas em proteínas, sais minerais e vitaminas, o que lhe faz bem à saúde, por melhorarem, bastante, a sua alimentação. Além disso, a placenta contém anticorpos específicos contra determinadas doenças, protegendo os filhotes contra essas enfermidades.

Algumas cadelas, principalmente no seu primeiro parto ou quando estão muito nervosas, não cortam os cordões umbilicais dos seus filhotes e, às vezes, demoram para retirá-los das bolsas que os recobrem quando nascem, podendo causar-lhes sérios problemas e até a sua morte, por asfixia.

Quando isso ocorrer, o acompanhante, que está assistindo o parto deve, imediatamente, cortar o cordão umbilical dos filhotes e os retirar da bolsa d'água. Para fazer isso, deve: 1 – pegar o filhote, mas com a cabeça inclinada, mais baixa do que o corpo; 2 – abrir imediatamente a bolsa d'água, para ele respirar e retirá-lo de dentro dela; 3 – envolvê-lo em uma toalha; 4 – enxugá-lo bem, começando pela cabeça; 5 – desobstruir as suas narinas e, ao mesmo tempo, ir massageando o seu corpo, para ativar a sua respiração e a sua circulação sangüínea; 6 – cortar o seu cordão umbilical e 7 – colocá-lo junto às tetas da cadela, para mamar.

A cadela tem, também, um outro hábito que é o de lamber a barriga e a púbis dos filhotes, para estimulá-los a urinar e a defecar após as "refeições". Quando se tratar de cãezinhos órfãos, o criador, e com o mesmo objetivo, deve fazer massagens na barriga dos filhotes e isso até que eles abram os olhos e depois comecem a andar.

COMO CORTAR O CORDÃO UMBILICAL DOS FILHOTES

A função do cordão umbilical é: 1 – transportar o sangue arterial da cadela para o feto, para supri-lo de oxigênio, necessário à sua vida, todos os alimentos necessários para a formação do seu corpo e outros elementos para a sua proteção contra doenças e 2 – levar o sangue venoso do feto para a cadela. Uma de suas extremidades fica ligada à placenta da cadela e a outra, ao umbigo do feto.

Logo que o filhote nasce, o cordão umbilical perde a sua função, pois o cãozinho passa a respirar diretamente da atmosfera e a se alimentar pela boca, sugando o leite das tetas da cadela. Como esse cordão liga o filhote à cadela, deve ser cortado, para que ele se liberte e possa viver independente. O corte deve ser feito da seguinte maneira: 1 – desinfetar toda a região do umbigo e do cordão umbilical, com tintura de iodo, mertiolate, mercurocromo ou um outro desinfetante; 2 – espremer o cordão umbilical, com os dedos, no sentido da cadela para o filhote, para que o sangue nele existente passe para o recém-nascido; 3 – com uma linha esterilizada ou desinfetada, amarrar o cordão umbilical a uns 3 ou 4 cm de distância do umbigo do filhote, para evitar que haja hemorragia, quando ele for cortado; 4 – cortar o cordão umbilical com uma tesoura, um bisturi ou um canivete, próximo à linha que está amarrando o cordão; 5 – desinfetar, novamente, toda a região do umbigo do filhote e o pedaço de cordão que a ele ficou ligado; 6 – deixar o cordão e a placenta, no ninho, para que a cadela os coma.

COMO ABRIR A BOLSA D'ÁGUA

Quando a cadela não arrebenta com os dentes, a bolsa d'água dentro da qual nasceu o filhote, como o faz normalmente, para que ele possa respirar o ar atmosférico, o seu acompanhante deve fazê-lo o mais rapidamente possível e da seguinte maneira: 1 – com um objeto cortante ou mesmo com os dedos, rasga a bolsa da região do focinho do filhote, para que ele comece a respirar o ar atmosférico; 2 – retira o filhote da bolsa e 3 – deixa a bolsa no ninho, para a cadela comer.

NÚMERO DE FILHOTES POR PARTO

Depende de uma série de fatores e sempre mais da fêmea do que do macho, porque: é do número de óvulos produzidos e maduros, nos ovários; do número de óvulos fecundados, ou seja, transformados em ovos férteis; do número de ovos que se fixam no útero da cadela e do número de ovos que completam o seu desenvolvimento, que depende o número de filhotes nascidos. Portanto, e apesar de em uma só cobertura, um cão poder ejacular na cadela, mais de 600.000 espermatozóides, é dela que depende o número de filhotes em cada gestação. Outros fatores, no entanto, podem concorrer para aumentar ou diminuir o número de filhotes nascidos e, entre eles, temos: número de ovos fertilizados; número de ovos que conseguem se fixar no útero (nidação), iniciando-se assim, a gestação; número de ovos que "morrem" após a nidação; número de embriões mortos; número de fetos que não se desenvolvem e número de fetos que morrem no útero, mesmo depois de viáveis, isto é, com todas as possibilidades de nascerem e de sobreviverem.

Existem produtos especiais que, além de aumentarem o número de óvulos em uma ovulação, concorrem para a maturação de um maior número deles, o que aumenta a fecundação e, em conseqüência, a prolificidade da cadela, isto é, aumenta o número de filhotes que ela pode ter, por ninhada.

Para aumentar o número de filhotes por parto, temos um outro processo que é o de controlar o momento da cobertura, tentando efetuá-la no período mais favorável da ovulação e repetindo o acasalamento 2 ou 3 vezes nesse período, o que possibilita a fecundação de maior número de óvulos, pois eles não são lançados dos ovários, todos ao mesmo tempo.

O número de filhotes, em um só parto, pode variar, também e muito, de acordo com uma série de fatores, como as características de reprodução da cadela, seu estado de saúde, sua alimentação, clima, temperatura ambiente, etc. As fêmeas cockers spaniels têm, em média, 4, 5 a 8 filhotes e até 16, segundo informações, por parto. Seus pesos, com 1 dia de idade, atingem 240 a 330 g para os filhotes cockers spaniels ingleses e 240 a 270 para os americanos.

PRIMEIROS CUIDADOS APÓS O PARTO

Quando nascer o último filhote e terminar o parto, devemos verificar se a cadela cortou os cordões umbilicais de todos os filhotes e se os retirou da bolsa d'água, para evitar que fiquem asfixiados, e se os lambeu para limpá-los e ativar a sua respiração e a sua circulação sangüínea; se ela está bem, se tem leite e se suas mamas e tetas são normais, estão perfeitas e em bom estado, sem inflamações ou ferimentos, o que é importante pois, se a cadela sentir dores fortes, pode não deixar que os filhotes mamem, o que traria sérios problemas, porque eles passariam fome. Além disso, o 1º leite da cadela, após o parto, contém o colostro, de grande importância nos primeiros dias de alimentação dos filhotes, por ter um efeito laxativo suave, para limpar os seus intestinos de uma pasta amarela, o mecônio, neles acumulada durante a sua vida intra-uterina. Além de ser o seu mais completo alimento, o colostro é importante, também, por conter anticorpos que protegem os filhotes de várias doenças. Devemos, ainda, tirar a cadela do ninho, por alguns minutos, para que ela descanse e faça as suas necessidades. Se for necessário, lavar a cadela com água morna e sabão, para limpá-la, principalmente de sangue e depois enxugá-la bem, com uma toalha felpuda e secador; durante a saída da cadela, fazer uma boa limpeza no ninho, substituindo toda a sua forração, quando necessário; levar a cadela de volta ao ninho, deixando-a descansar com os seus filhotes, só a incomodando se for necessário, pois ela tem que amamentá-los e precisa ficar bem calma e despreocupada; conferir o número de filhotes nascidos e o dos que ficaram com a cadela, para evitar que a ninhada seja muito grande. O melhor é deixar, com a cadela, somente 6 a 8 filhotes, no máximo, ou então, ajudar o aleitamento com uma amamentação artificial, dando "mamadeira" para os filhotes.

O SEXO DOS FILHOTES

É importante o criador saber o sexo de todos os filhotes que nasceram, para que possa programar o destino de todos eles, inclusive os que se destinam a atender os pedidos dos compradores.

A identificação do sexo de um cãozinho recém-nascido é muito fácil. Para isso, a pessoa segura o filhote de barriga para cima e o examina. A **fêmea** tem, embaixo da cauda, um orifício redondo, que é o **ânus** e logo mais abaixo, uma fenda, que é a **vulva**, em geral um pouco saliente devido aos lábios vulvares. O **macho** possui um orifício redondo que é o **ânus** e que fica embaixo da cauda e um "cordão" ligeiramente saliente, que vem da parte de trás da barriga e que termina mais saliente e com um orifício redondo, pelo qual o **pênis** passa para o exterior.

Deve ser verificado, ainda, se o filhote não possui uma hérnia umbilical, que é relativamente comum em cãezinhos recém-nascidos.

DEPOIS DO PARTO

Assim que começa a comer, depois do parto, a cadela deve ser muito bem alimentada, recebendo uma alimentação sadia, fresca, bem equilibrada e rica, principalmente em proteínas. Deve receber, por isso, ração balanceada, carne, peixe, ovos, leite, queijo, arroz, legumes e outros alimentos nutritivos, além de sais minerais e vitaminas.

Nos primeiros dias após o parto, a cadela fica muito apegada aos filhotes, não querendo deles ficar separada, não os deixando sozinhos no ninho, nem mesmo para fazer as suas necessidades, obrigando o seu dono a prendê-la pela guia e a puxá-la para fora, levando-a a um lugar próprio para isso. Depois, é só soltá-la da guia e ela sai correndo para o ninho, preocupada com os filhotes.

Durante alguns dias após o parto, é comum as fezes da cadela ficarem pastosas, escuras ou avermelhadas e até com sangue, poque ela, normalmente, ingere a placenta e todas as matérias fetais resultantes do parto.

ECLÂMPSIA

É um distúrbio grave, que pode ocorrer em cadelas gestantes, em trabalhos de parto e depois do parto. É mais comum em cadelas nervosas, principalmente de raças pequenas. Os seus sintomas são grande excitação, cansaço, convulsões e febre.

Como se trata de um distúrbio grave, podendo levar a cadela à morte, ela deve ser socorrida o mais rapidamente possível, por um médico veterinário.

TEMPERATURA DOS FILHOTES

A temperatura corporal do filhote oscila, podendo subir ou baixar. É obtida por via retal e com o auxílio de um termômetro comum. Quando ela permanecer acima do normal, por menos de 24 horas, não há problema. Quando, porém, o filhote apresenta alguns sintomas como perda de apetite, vômitos e diarréias, devemos medir a sua temperatura e, quando ela está normal, esses sintomas indicam um distúrbio passageiro. Quando, no entanto, a sua temperatura estiver acima de 39,1 °C, o caso é mais sério, e quando for acima de 39,4 °C, deve ser consultado um médico veterinário.

Ela varia, também, de acordo com a idade do filhote, como podemos verificar na tabela a seguir.

Idade	Temperatura (graus C)
1 semana	35 a 37,2
2 a 3 semanas	37,2 a 37,8
4 semanas	37,5 a 39

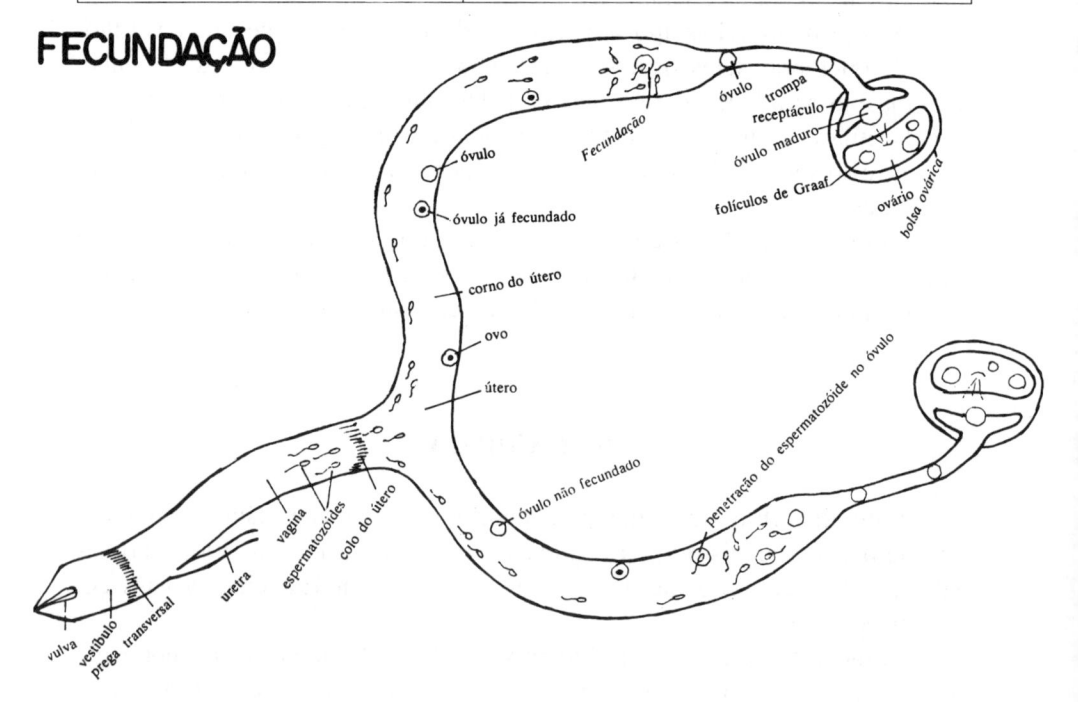

FECUNDAÇÃO

⟶ Sentido de direção dos espermatozóides.
⟵ Sentido de direção dos óvulos e dos ovos.

CAPÍTULO 10

FILHOTES – PRIMEIROS CUIDADOS

Para que haja um bom controle sobre a criação, devemos tomar algumas providências, logo que os cãezinhos nascem e, entre elas: contar quantos filhotes nasceram; verificar o número de machos e de fêmeas; examinar os filhotes, um por um, descartando os fracos, raquíticos, defeituosos ou doentes; deixar com a cadela, no máximo, 6 a 8 filhotes; passar os excedentes para outras cadelas, alimentá-los na mamadeira ou sacrificá-los, quando não houver outra alternativa.

Os cãezinhos nascem com pêlos, com os olhos fechados, sem dentes e surdos, mas com um tato bastante desenvolvido, principalmente para encontrarem as tetas da cadela e nelas mamarem.

A cadela é muito cuidadosa com os filhotes. Durante a sua primeira semana de vida, ela tem todo o cuidado com eles, lambendo-os e os puxando para junto do seu corpo, para aquecê-los e para facilitar as suas mamadas.

O corte da cauda deve ser feito entre os 3° e 5° dias de vida dos cãezinhos, sendo mantido 1/3 do seu comprimento.

Os filhotes começam a abrir os olhos quando estão com 10 a 12 dias de idade, passando a enxergar normalmente. Ocorre, também, a sua maturação motora e sensorial e eles já ficam de pé. Aos 13 ou 15 dias de vida os seus canais auditivos se abrem e eles começam a ouvir, normalmente. Aos 21 dias de idade, eles já andam, acompanhando a cadela para todo lado.

Nas suas primeiras semanas de vida, os cãezinhos dormem durante 90% do seu tempo e têm contrações musculares durante o sono.

SELEÇÃO DOS RECÉM-NASCIDOS

Nem sempre as ninhadas são perfeitas, porque algum filhote pode nascer morto; morrer logo depois do parto ou nascer fraco, raquítico, defeituoso ou doente, devendo ser descartado, ou tentada a sua recuperação sob orientação de um médico veterinário.

Em caso de necessidade, podemos separar todos os filhotes da cadela, o que, no entanto, não deve ser feito de uma só vez, porque esse procedimento pode provocar sérios danos e graves conseqüências para ela, não somente físicos, mas também psicológicos, às vezes irreparáveis.

Entre os possíveis problemas que podem surgir, temos: não vendo os filhotes, a cadela os fica procurando, torna-se irritadiça e até desesperada, pára de comer, etc., tendo a sua saúde mais ou menos abalada; como a cadela estava em período de lactação, o leite que enche as suas mamas e que não é retirado pelos cãezinhos, pode causar sérias inflamações ou até mesmo "empedrar", formando abcessos mamários ou a perda de mamas, causando, sempre, muitas dores e grandes sofrimentos para a cadela; pode surgir a febre do leite; complicações graves na cadela, provocadas por desequilíbrios hormonais como convulsões, eclâmpsia, etc.

A decisão de separar os filhotes da cadela, no entanto, deve ser tomada logo depois de o parto terminar, havendo 2 alternativas: 1ª – separar imediatamente os filhotes da cadela pois, quando isso ocorre logo que nascem, ela não se apega a eles, não sentindo a sua falta e 2ª – os cãezinhos são deixados, normalmente, com a mãe.

NÚMERO DE FILHOTES DEIXADOS COM A CADELA

Normalmente, como já o mencionamos, podem ser deixados com a mãe, 6 a 8 filhotes, no máximo. Os cãezinhos excedentes podem ser transferidos para outras cadelas que, de preferência, tenham tido ninhadas no mesmo dia do nascimento dos filhotes que serão para ela transferidos, para que possam, também, mamar o colostro e para que sejam mais ou menos do mesmo tamanho que os filhotes da cadela ama-de-leite, evitando competição.

É preciso cuidado quando o criador for juntar os filhotes à sua ama-de-leite, para que ela não os estranhe, reagindo e até os atacando, podendo feri-los e até os matar. Quando, no entanto, ela os lamber, é bom sinal, porque, normalmente, significa que ela os vai aceitar, transformando-se em sua segunda mãe.

FILHOTES ÓRFÃOS

Durante o parto ou depois que ele termina, a cadela, às vezes, pode morrer, deixando os seus filhotes órfãos. Nesses casos e para salvá-los, o criador deve começar a alimentá-los o mais rapidamente possível e, para isso, tem 2 alternativas:

1^a – a melhor, ou seja, colocar os filhotes órfãos para mamarem em outra cadela que, de preferência, tenha os filhotes nascidos no mesmo dia que os órfãos para ela transferidos. Tratando-se, no entanto, de um caso de emergência, os órfãos podem ser colocados para mamar em qualquer cadela, cuja produção leiteira seja suficiente para alimentar todos os seus filhotes e mais os órfãos que forem para ela transferidos.

Essa providência, desde que a cadela aceite os filhotes órfãos para deles cuidar, é a mais prática, por ser a que menos trabalhos e preocupações dá ao criador, porque a cadela, além de amamentá-los, se encarrega também de lhes dar toda a atenção, criando-os e os educando com todo o carinho, sem os diferenciar dos seus próprios filhotes;

2^a – dar a alimentação aos filhotes, na mamadeira (ver Cap. 11, pág. 83).

Na sua 1ª semana de vida, os filhotes devem receber alimentos de 2 em 2 horas mas, da 2ª semana em diante, sua alimentação passa a ser administrada de 3 em 3 horas, embora os filhotes devam receber, também, 1 vez ao dia, pela boca, 1 medida de óleo de fígado de bacalhau.

Nesse período, os cãezinhos já começam a aprender a comer sozinhos.

OUTROS CUIDADOS COM OS ÓRFÃOS

Entre eles, podemos mencionar: 1 – fornecer-lhes um ninho, para que nele tenham todo o conforto e fiquem bem abrigados e bem aquecidos, se necessário com um aquecimento artificial porque, nessa idade, eles sentem muito frio, uma das maiores causas de mortalidade entre os filhotes. Eles naturalmente, ficam muito mais protegidos do frio, dos ventos e das chuvas, quando são mantidos em ambientes fechados; 2 – o criador deve fazer massagens leves e ligeiras, na barriga dos filhotes, para estimulá-los a urinar e a defecar, o que é feito pela cadela, quando os lambe nessa mesma região; 3 – manter a maior e mais rigorosa higiene nos filhotes e no ninho, para evitar problemas de saúde que, sem dúvida alguma, iriam surgir. Outra providência que, infelizmente, tem que ser tomada, apesar de ser triste, principalmente para quem gosta de cães e que, além disso, causa prejuízos ao criador, é o sacrifício dos filhotes, às vezes de toda uma ninhada de filhotes órfãos, que não podem ser criados. Para evitar que eles sofram e ainda acabem morrendo, em geral, após grandes sofrimentos, é praticar a eutanásia que, em certas circunstâncias é, não só a melhor, mas a única solução.

SAÚDE

Se algum filhote, de qualquer idade, apresentar falta de apetite, diarréia, vômitos e tiver febre, chegando a sua temperatura a 39,1 °C, trata-se de um problema sério, e quando atinge a mais de 39,4 °C, ele deve ser levado a um médico veterinário, imediatamente, pois o estado do cão pode ser grave.

UNHA DE LOBO, ESPORÃO OU ERGOT

São os nomes dados a um dedo "extra", rudimentar e sem função, que pode nascer em alguns cães. Ele fica ligado ao membro somente por músculos e não tem nenhuma relação com o esqueleto.

O ergot pode ser removido por meio de uma operação bem simples, do 3º ao 5º dias de vida do filhote, e que é exigida pelo padrão oficial da raça cocker spaniel.

CAPÍTULO 11

LACTAÇÃO E DESMAMA

Até determinada idade, os cães só se alimentam com leite materno, sendo por isso, classificados como mamíferos. Por essa razão, a vida, a saúde, a precocidade e o desenvolvimento dos cãezinhos dependem da quantidade e da qualidade do leite da cadela.

LACTAÇÃO

É o período que começa com a primeira mamada que os filhotes fazem logo após o seu nascimento e que termina com a desmama, ou seja, quando eles não mais são alimentados pela cadela.

Durante esse período, portanto, em que estão mamando e que só se alimentam com o leite materno, e antes de começarem a ingerir outros alimentos, todas as funções orgânicas dos filhotes, exceto respirar, dependem única e exclusivamente da cadela, como ocorria quando eles ainda eram fetos, vivendo no seu útero.

PRODUÇÃO DO LEITE

O leite é produzido pelas glândulas mamárias da fêmea, que entram em atividade com o estímulo do parto, para que a cadela possa alimentar os filhotes, logo após o seu nascimento. A **quantidade de leite** produzido varia com a capacidade leiteira individual da cadela. Outros fatores, no entanto, podem influir sobre ela e, entre eles, temos a alimentação, temperatura ambiente, estresse, etc. Além disso, as cadelas de primeira cria produzem menos leite do que nos partos seguintes.

A **qualidade e a composição** do leite da cadela variam de acordo com alguns fatores, entre os quais o seu estado de saúde; estresse; cansaço; quan-

Nosey's Club English Cockers. Pathy de Tapebuia, cor dourada, com 2 anos de idade e sua ninhada de 6 filhotes.

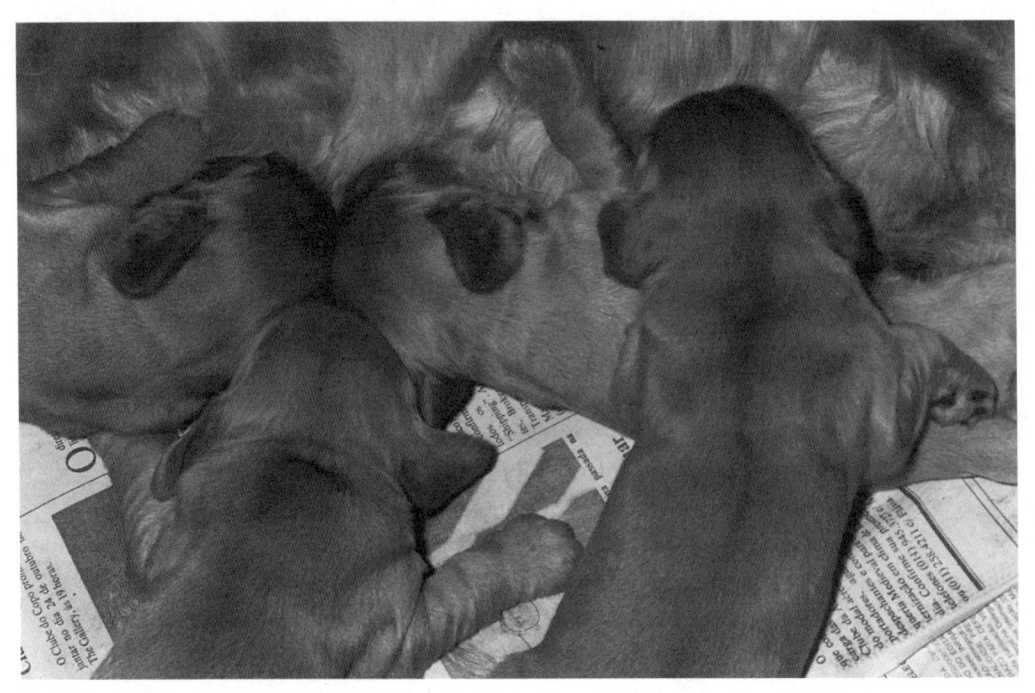

Canil Macoe's Place. Ninhada dourada mamando.

tidade e qualidade da sua alimentação antes e, principalmente, durante a sua produção leiteira, etc. Por esses motivos, principalmente durante a gestação e a lactação, a cadela deve receber uma alimentação adequada, saudável, fresca, nutritiva, bem equilibrada e em quantidade satisfatória, para que ingira todos os elementos nutritivos necessários para a sua produção leiteira e, o que é muito importante, para compensar o grande desgaste físico que ela sofre e que é causado por uma gestação e uma lactação sucessivas. Pelos motivos expostos, devem ser dadas, à cadela, de 3 a 5 refeições ao dia e água limpa e fresca, à vontade.

PERÍODO DE LACTAÇÃO

Embora o período de lactação das cadelas possa variar, elas devem produzir leite, no mínimo, durante 30 a 35 dias, para alimentar os seus filhotes. Por isso, o criador deve verificar, desde a primeira mamada, se a cadela tem leite suficiente para amamentar os filhotes pois, se isso não ocorrer, ele terá que tomar as providências necessárias, imediatamente, transferindo filhotes para outras cadelas ou suplementando sua alimentação com mamadeiras.

O primeiro sinal de que estão com fome, de que não estão sendo bem alimentados, é dado pelos próprios filhotes, quando "ficam chorando". A falta de leite para os filhotes deve ser evitada, principalmente nos seus 3 primeiros dias de vida, talvez os mais importantes para o seu crescimento e desenvolvimento devido, inclusive, à sua alimentação com o colostro. Para evitar que isso ocorra, necessário se torna controlar, rigorosamente, a produção leiteira das cadelas, o que evita os prejuízos que o criador tem quando os filhotes passam fome, ficam magros, não se desenvolvem e, o que é pior, morrem de inanição, quando as mães os abandonam.

O cãozinho menor ou mais fraco da ninhada deve ser colocado para mamar na cadela, de 2 em 2 horas, para que se alimente melhor, tenha um bom desenvolvimento e possa competir com os seus irmãos que cresceram mais do que ele.

Uma baixa produção de leite das cadelas, pode ter várias causas, entre as quais: falta de água suficiente para beber, normalmente; alimentação inadequada ou deficiente em quantidade ou em qualidade; desmama precoce; número excessivo de filhotes; falta de higiene; doenças; etc.

Quando as cadelas estão no início da lactação, não devemos dar-lhes medicamentos, inseticidas, vermífugos, desinfetantes, etc., porque podem passar para o leite, contaminando-o, o que pode prejudicar, intoxicar e até matar os filhotes.

O PRIMEIRO LEITE E O COLOSTRO

Terminado o parto, as glândulas mamárias começam a produzir o primeiro leite, que é um leite especial e bem mais grosso do que o normal, porque contém o **colostro**, formado por um conjunto de substâncias ricas em proteínas, sais minerais, vitaminas, anticorpos contra várias doenças, etc. O colostro tem, também, um efeito laxativo, que faz os filhotes recém-nascidos eliminarem o mecônio, que é uma substância ou pasta amarela que "enche" os seus intestinos durante a sua vida fetal, mas que deve ser eliminada após o seu nascimento, esvaziando os seus intestinos.

AS MAMADAS

Nos seus primeiros dias de vida, os filhotes devem ser alimentados de 3 em 3 e depois de 4 em 4 ou 5 em 5 horas. Em uma cadela com 8 filhotes, p. ex., isso representa 40 a 60 mamadas por dia e 1.200 a 1.300 por mês, o que, certamente, sacrifica muito a cadela durante todo o seu período de lactação ou produção leiteira.

ALGUNS CUIDADOS DURANTE A LACTAÇÃO

Durante esse período, o criador deve examinar diariamente as mamas da cadela, para verificar se estão normais, ou se há algum problema, tratando-as imediatamente, quando necessário, pois os filhotes, com as suas numerosas e afiadas unhas podem arranhá-las ou feri-las, causando ferimentos, infecções, mamites, abcessos e até a perda de mamas.

Quando estão com 10 a 15 dias de vida, os filhotes já possuem dentinhos que, também, podem ferir as mamas e tetas da cadela, causando-lhe os mesmos problemas, além de sofrimentos e dores.

Podemos verificar, pelo exposto, que a cadela pode sofrer e muito, para amamentar os seus filhotes, o que, muitas vezes, a faz relutar em deixá-los mamar. Quando as dores são muito intensas, ela pode até não permitir que eles mamem.

Para evitar esses problemas, devemos cortar as unhas dos cãezinhos e mantê-las sempre aparadas, desde a sua primeira semana após o nascimento.

Caso as mamas ou somente as tetas comecem a ficar muito vermelhas, duras e inchadas, devemos fazer massagens e aplicar compressas quentes sobre elas, pois isso faz aliviar as dores que a cadela sente e para que elas desinchem, desinflamem e voltem ao seu normal.

ALIMENTAÇÃO SUPLEMENTAR

Quando o número de filhotes é grande ou a cadela produz relativamente pouco leite, devemos aumentar sua alimentação, fornecendo-lhe 2, 3 ou mais mamadeiras ao dia, além de os deixar mamar na cadela, pois isso melhora a sua alimentação.

RECEITAS PARA MAMADEIRA

Para fazer a mamadeira dos cãezinhos, temos uma boa receita, que é a seguinte: a – 1 litro de leite; b – 1 xícara de leite em pó; c – 1 – xícara de chá de creme de arroz; d – 1 ou 2 gemas de ovo; e – 1 colher das de sopa, de glicose; f – 1 colher das de sopa de um produto à base de cálcio e de fósforo, de uso oral; g – 1 colher das de café de geléia de mocotó ou de gelatina em pó e h – 1 colher das de sopa de maisena.

A mamadeira assim preparada pode ser dada aos cãezinhos quando o leite da cadela é insuficiente ou quando eles ficam órfãos e o seu dono não consegue outra cadela para servir-lhes de ama-de-leite.

Com 3 semanas de vida, os filhotes devem aprender a comer em uma vasilha, largando a mamadeira. Nessa ocasião, a mamadeira pode ser engrossada com uma quantidade maior de maisena e o creme de arroz substituído por arroz cozido na água e com um pouco de tempero.

Quando os cãezinhos estão com 30 a 35 dias de idade, devemos ir aos poucos, incluindo na sua alimentação, carne crua bem picada ou moída.

Para verificarmos se a carne está sendo dada na quantidade certa, existe um método muito simples, prático e eficiente, que consiste em examinar, todos os dias, as fezes dos filhotes. Quando encontramos nelas, pedaços de carne, é porque eles ainda não a estão digerindo bem. Neste caso, devemos diminuir a sua quantidade, por uns dias, e depois aumentá-la, aos poucos.

Nessa época, devemos começar a dar aos filhotes algum legume como, p. ex., cenoura crua ralada, além de continuarmos a lhes fornecer diariamente, na refeição, sais minerais e vitaminas.

Não devemos dar, aos filhotes: gorduras, carne de porco, salames, açúcar, doces, sorvetes, frutas frescas, pão fresco, farináceos, feijões, ervilhas, brócolis, etc., porque lhes podem fazer mal.

Os filhotes desmamados devem receber refeições 4 vezes ao dia, passando depois a 3 e, quando ficam adultos, a 2 vezes ou somente 1 vez ao dia. Essas refeições devem variar e devem ser dadas, de preferência, mornas.

Normalmente, a cadela só deixa os filhotes mamarem à vontade, durante mais ou menos 1 mês. Na sua 4ª semana de idade, ela já começa a controlar as mamadas, não os deixando mamar com a mesma freqüência que antes, e procura, mesmo, evitar ao máximo, que eles mamem, o que significa o começo da desmama natural. É nessa fase que eles começam a se interessar pelos alimentos da cadela e por outros que encontrem.

A cadela chega até a vomitar o seu alimento já digerido, para que os filhotes os comam e aprendam, assim, a comer alimentos sólidos.

Portanto, a própria cadela ensina que os filhotes com 1 mês de idade ou até com um pouco menos, já podem ser alimentados artificialmente, para que a desmama possa se processar gradativamente e eles não a sintam, quando forem dela separados.

Quando atingem 7 semanas de idade, mais ou menos, os cãezinhos já não dependem mais da cadela para se alimentarem, já são independentes e a dieta da cadela volta ao normal.

Com 9 dias de idade, os filhotes bem alimentados dobram o seu peso ao nascer e o quadruplicam com mais ou menos 3 semanas de idade.

ALIMENTAÇÃO ARTIFICIAL

A alimentação dos filhotes, depois da desmama, deve constar de leite de vaca, mingaus, sopas de legumes e arroz com carne crua bem picada ou moída (1 colher das de chá). A carne picada pode ser aumentada até 1 xícara, 2 vezes ao dia, quando os filhotes atingem 3 semanas de idade, ou ração balanceada especial para filhotes.

Os cães, durante toda a sua vida podem receber, como alimentação, arroz cozido na água, mas só com sal e algum tempero como alho, cebola, salsinha, etc., com carne crua bem picada ou moída e cenoura. Devem receber, também, vitaminas e sais minerais.

Consideramos importante que os alimentos para os cãezinhos sejam dados sempre no mesmo horário, no mesmo prato ou comedouro e no mesmo local.

DAR LEITE NO PRATO OU EM OUTRA VASILHA

Alimentar os filhotes em mamadeiras é muito fácil, pois basta eles sentirem o seu bico e o cheiro do leite, para começarem logo a mamar, como o fazem nas tetas da cadela. Já em pratos ou em outras vasilhas, é necessário ensiná-los a tomar leite, mingaus ou outros alimentos, o que, no entanto, é bastante simples. Basta, para isso, procedermos da seguinte maneira: 1 – colocar o leite ou o mingau em um prato fundo; 2 – "sujar" uma colher pequena, no alimento e depois a encostar na boca do filhote que, sentindo o cheiro do leite começa a lambê-la e a chupá-la; 3 – molhar novamente, a colher no leite, juntar bem o filhote ao prato e a encostar no seu focinho, pois assim ele sente o cheiro do leite e começa a lambê-lo; 4 – assim que ele começar a fazê-lo, vamos baixando a colher, até que o filhote fique com a boca tocando a superfície do leite porque, assim que isso acontece, ele começa a lamber e a beber o leite do prato; 5 – se o filhote não começar a beber o leite do prato, repetir a operação, que ele o fará.

Temos, ainda, um outro método com o mesmo objetivo, ou seja: 1 – depois de lavar bem as mãos, molhamos um dedo no leite do prato e depois deixamos que o filhote o lamba; 2 – molhamos novamente o dedo no leite e, enquanto o filhote o está lambendo, vamos baixando até mergulhá-lo no leite do prato porque, assim que o filhote sentir o leite ou o mingau, começa a lambê-lo e depois a tomá-lo, acostumando-se a isso e passando, depois, a tomar ou comer qualquer alimento que seja colocado no seu prato.

BAIAS PARA A ALIMENTAÇÃO DOS FILHOTES

Quando os filhotes são alimentados em pratos ou em outras vasilhas, cada um deles deve ter o seu prato "particular", só se alimentando nele e não comendo, nunca, nos dos seus irmãos ou companheiros. Para isso, no entanto, é necessário que os treinemos a só comerem nos seus respectivos pratos, o que requer algum trabalho.

Para diminuir e facilitar esse trabalho, podemos empregar gaiolas ou baias, ou seja, pequenos compartimentos dispostos um ao lado do ouro, em série. Em cada baia é colocado um filhote com o seu prato.

As divisões entre as baias podem ser de vidro, plástico, tela, grades, ripas de madeira ou de outro material, desde que cada um dos filhotes possa ver os seus vizinhos, mas que não os possa alcançar e nem ter acesso aos pratos em que comem.

Dessa maneira, em pouco tempo os filhotes acostumam a só comer em seu próprio prato e depois, mesmo que estejam soltos, fora das baias, cada um deles só come no seu próprio prato, não tentando comer a comida dos seus companheiros.

A técnica das baias pode ser empregada para cães de todas as idades, desde os filhotes até os adultos. Nelas podem ser colocados, não só pratos, mas também instalados bicos automáticos de mamadeira, para os filhotes que ainda estão mamando.

BAIAS PARA CÃES NOVOS

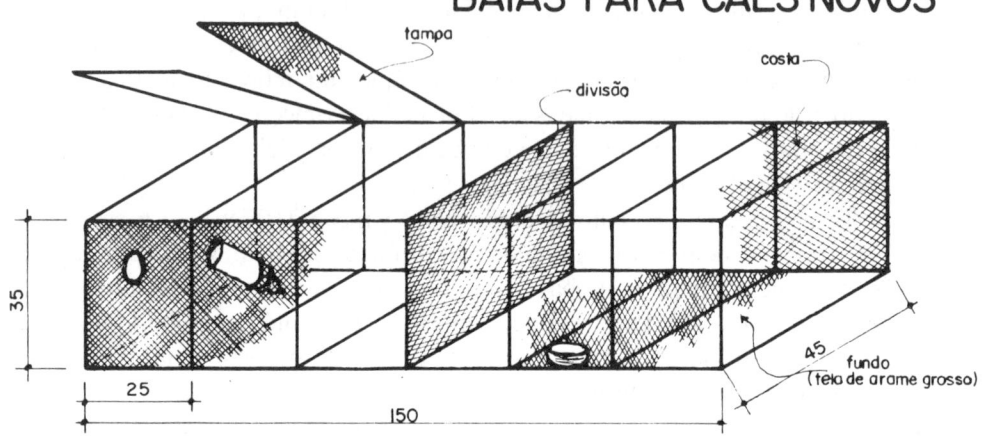

tampa
costa
divisão
35
25
150
45
fundo (tela de arame grosso)

Nosey's Club English Cockers. Gaiolas. Notar as garrafas com bicos tipo mamadeira, para distribuição de água, mas que servem, também, para leite.

DESMAMA

Quando estão com a cadela, os filhotes não devem ser desmamados todos de uma só vez, para que ela não fique com mamas cheias de leite, o que lhe pode causar fortes dores, grandes sofrimentos, inflamações, abcessos e mamites, além de haver, ainda, o perigo de ela perder algumas mamas.

O melhor seria que os filhotes permanecessem com a cadela até aos 3 meses de idade, mesmo que não mais estivessem mamando, o que, psicologicamente, seria bom, tanto para os filhotes quanto para a cadela, pois ela sente muito a falta dos seus cãezinhos, chegando a ficar desesperada, procurando por eles por toda parte. Na prática, no entanto, isso não é possível e eles são desmamados com 45 dias de idade.

Como rotina, na criação, os filhotes com 8 semanas de idade ou mesmo uns dias antes, devem tomar um vermífugo, mesmo que não apresentem nenhum sintoma de verminose como, p. ex., barriga grande ou esticada e fezes descoloridas.

Quando os filhotes param de mamar na cadela ou deixam a mamadeira, cada um deles deve ter o seu próprio prato para neles comerem os seus alimentos e isso, pelas seguintes razões: 1 – vão se acostumando a comer só no seu prato, o que, mais tarde, facilita o treinamento para que não comam nada que encontrarem em qualquer lugar ou que estranhos lhes ofereçam; 2 – evita que se contaminem por determinadas doenças transmitidas por alimentos de má qualidade, deteriorados, contaminados, ou até envenenados propositalmente; 3 – não há competição, como ocorre quando vários filhotes comem juntos, em uma só vasilha e os maiores e mais fortes comem, também, além da sua, a comida dos outros cãezinhos, seus irmãos que são menores e mais fracos e que, por esse motivo, ficam sem se alimentarem direito, o que prejudica o seu crescimento e a sua saúde; 4 – quando são transferidos para outros locais, levam junto, o seu prato, estranhando menos a mudança de ambiente, porque continuam a se alimentar bem, pois já estão acostumados com o seu prato, que lhes transmite a idéia de comer.

Quando notarmos que um filhote está choramingando, irritado, e parece "agoniado", isso pode significar que ele está com fome ou com dor de barriga (cólica), causada, geralmente, por vermes intestinais.

SURDEZ

Em uma ninhada, algum filhote pode nascer realmente surdo, embora não seja muito comum. Quando isso ocorre, ele não ouve os sons normais como os barulhos de portas, assobios, os chamados do dono, etc. Por esse motivo, é sempre ele o último a sair do ninho para se alimentar, e o faz porque acompanha os seus irmãos ou companheiros que, ouvindo o chamado do dono, saem logo, na sua frente.

O cão surdo, além disso, não faz o gesto normal instintivo de um cão, mesmo filhote que, ao ouvir um chamado ou mesmo um outro barulho, às vezes estranho para ele, levanta imediatamente a cabeça para verificar a direção e a origem do barulho que escutou.

Pelos motivos expostos, é necessário controlar, sempre, o comportamento dos cãezinhos, especialmente dos que são sempre os últimos a sair do ninho.

Os filhotes suspeitos de não ouvirem bem devem ser submetidos a testes para medir a sua capacidade auditiva, ou seja, se ouvem menos ou se são totalmente surdos. O teste para isso é muito simples: basta chamarmos o filhote; assobiarmos; batermos com um objeto em uma vasilha, para fazer barulho, etc., mas sempre fazendo sons diferentes e mais ou menos altos, de diversas intensidades.

De acordo com o comportamento do filhote em relação ao teste ou da sua resposta aos estímulos ou sons emitidos, é que podemos chegar a uma das seguintes conclusões: sua audição é normal; o filhote é completamente surdo ou, então, que ele não ouve bem e qual o grau de sua surdez.

No caso de um cão ser surdo, não devemos vendê-lo, pois isso é um dos maiores defeitos que um cão pode apresentar e que pode significar problemas, às vezes muito graves, para o comprador e também para o vendedor, quando o defeito for descoberto. Não é possível, p. ex., imaginar um cão de guarda, que seja surdo.

CUIDADO COM AS UNHAS DOS FILHOTES

Quando estão com mais ou menos uma semana de idade, os filhotes começam a se movimentar pelo ninho e a andar uns sobre os outros e também sobre a cadela. Nessa época, suas unhas devem ser cortadas, porque podem arranhar ou ferir, não só a cadela, irritando-a muito, mas também os próprios filhotes, provocando dores, ferimentos, infecções, etc.

O problema dos filhotes com unhas grandes é mais grave para a cadela porque, além de feri-la pelo corpo, por serem numerosas, grandes, pontudas e afiadas, elas podem causar ferimentos sérios e até infecções nas suas mamas, o que pode levar a uma série de complicações e até à sua perda, prejudicando a produção leiteira da cadela que só poderá, depois, amamentar menor número de filhotes.

As mamas e tetas da cadela podem ficar tão doloridas, que ela sofre muito quando os filhotes mamam porque eles, além de as sugarem, as esticam, dão pancadas sobre elas com o seu focinho e suas patas e as "cutucam" e arranham com as unhas. Por esses motivos a cadela, às vezes, nem deixa os filhotes mamarem, quando as dores e o sofrimento que sente são muito grandes.

Para evitar os problemas mencionados, as unhas dos cãezinhos devem ser cortadas, pelo menos 1 vez por semana. Podem ser usados, para isso, um alicate especial ou uma tesoura bem afiada. É preciso tomar cuidado para não cortar as unhas curtas demais, para não atingir a região em que se encontram as artérias, as veias e os nervos, o que provocaria dores, sangramentos e infecções.

Na época em que os filhotes saem do ninho e passam a andar e a correr em terrenos ou superfícies ásperas, as suas unhas têm um desgaste maior e, por isso, não crescem tanto e se mantêm sempre curtas e sem pontas finas.

UM "BANHEIRO" PARA OS FILHOTES

Normalmente, os cãezinhos evacuam assim que terminam as suas refeições. Para facilitar, e muito, a limpeza do local em que eles se encontram, dentro ou fora da casa ou do canil, basta que lhes reservemos um "cantinho" ou lugar para lhes servir de "banheiro", e que pode ser um local forrado com jornais, um tabuleiro com o fundo forrado com papéis ou jornais ou tendo uma camada de areia sobre ele. Além disso, deve ficar o mais perto possível do ninho ou dos pratos dos filhotes. Depois, é só levar os filhotes para o banheiro, após cada refeição, pois eles vão se acostumando a fazer nele, as suas necessidades e em pouco tempo já se dirigem, sozinhos, a essa "importante" dependência.

Os filhotes defecam, normalmente, logo depois de cada refeição, o que é um fenômeno natural, porque o seu intestino é estimulado a funcionar pela entrada de alimentos no seu estômago.

Quando os filhotes vão ficando mais velhos, essas evacuações vão ficando mais espaçadas mas, em geral, se realizam nas mesmas horas.

Os adultos, p. ex., recebem 1 ou 2 refeições ao dia, o que facilita os trabalhos de limpeza ou para levá-los "para passear" na rua, ou seja, para fazerem as suas necessidades, o que já está saindo de moda, devido às restrições e multas impostas pelos serviços sanitários de muitas Prefeituras. Mesmo em apartamentos, podemos colocar um tabuleiro com areia, para servir de "banheiro" para os cães.

Nosey's Club o/w Ginger Girl "Ginger".

CAPÍTULO 12

PERÍODO DE CRESCIMENTO

Quando um cãozinho é desmamado ou está com 45 a 60 dias de idade, esteja ele na casa ou no canil em que nasceu ou haja sido adquirido, deve ser examinado por um médico veterinário, para que este receite um **vermífugo**, indispensável nessa fase de vida do filhote e as **vacinas** que ele deve tomar, de cordo com um esquema de vacinação (ver Cap. 15, pág. 115).

A fase de crescimento é muito importante para o desenvolvimento, o futuro e a vida dos cães, sendo o que maiores preocupações nos traz, porque, antes de desmamarem, os cãezinhos têm a cadela para os proteger, cuidar da sua higiene, dar-lhes o carinho de que necessitam, os alimentar com o melhor alimento para eles, o leite materno e ainda para lhes proporcionar uma certa proteção ou resistência contra algumas doenças.

Quando, porém, entram na fase ou período da sua vida que se inicia com a desmama, eles passam a depender unicamente do seu dono para alimentá-lo, protegê-lo do ambiente, de inimigos e de doenças e proporcionar-lhes, ainda, o carinho de que tanto necessitam e que recebiam da cadela. Também o **ensino e o treinamento** desses cãezinhos devem nos preocupar, para que eles cresçam bem educados e obedientes, o que os valoriza e traz alegria aos seus donos.

O período de crescimento e de desenvolvimento começa na desmama e vai até à fase adulta do animal, quando se completa a calcificação dos seus ossos, o que ocorre, na raça cocker spaniel, mais ou menos quando o cão atinge 10 a 12 meses de idade. Durante esse período, os cães, em geral, multiplicam o seu peso de 3 a 6 vezes.

O melhor método para controlar a saúde, o crescimento e o desenvolvimento dos filhotes é fazer regularmente a sua **pesagem**, pois, quando não há aumento de peso ou ele é muito pequeno, isso significa que a sua alimentação é insuficiente, quanto à sua quantidade ou inadequada ou defeituosa, em relação à sua qualidade ou os seus componentes ou, então, que eles estão com algum problema de saúde como, o que é comum, uma verminose. O controle de peso permite, também, que seja avaliada a uniformidade de crescimento e desenvolvimento da ninhada.

    O **controle de peso** dos filhotes é muito importante porque, desde os seus primeiros dias de vida, já é possível avaliar a capacidade leiteira da cadela, o que permite, se necessário, suplementar a alimentação dos filhotes, com a mamadeira, evitando que o seu crescimento e desenvolvimento sejam prejudicados, pois uma alimentação inadequada ou insuficiente pode provocar doenças da nutrição ou ser a causa predisponente de doenças infecciosas e parasitárias.

CAPÍTULO 13

ALIMENTAÇÃO E ALIMENTOS

GENERALIDADES

O organismo dos cães é composto de proteínas, hidratos de carbono, minerais e vitaminas. Por esse motivo, eles devem receber esses elementos, através da sua alimentação, para suprirem as suas necessidades e compensarem os seus desgastes orgânicos. Carnes vermelhas, aves, peixes, ovos, leite, queijos, arroz e rações balanceadas são alguns dos melhores alimentos para cães.

A alimentação, naturalmente, varia conforme a idade e o tamanho dos cães; a temperatura; as condições ambientais; os trabalhos ou exercícios que eles realizam, etc., mas os seus princípios básicos são os mesmos para todos os cães.

Como eles são animais essencialmente carnívoros, não devemos dar-lhes a mesma alimentação humana.

ALIMENTOS

Pela sua importância trataremos, a seguir, dos principais alimentos para os cães.

Carne – Por serem os cães essencialmente carnívoros, a carne é o seu alimento natural. O termo "carne", quando empregado no presente capítulo significa, não só a carne ou músculos, mas também todas as vísceras como pulmões (bofes), coração, fígado, rins e todas as partes comestíveis de mamíferos como bois, cabras, carneiros, cavalos, coelhos, etc., além das aves, sendo mesmo, muito empregadas na alimentação dos cães, as cabeças e pescoços moídos de frangos.

A carne deve ser dada aos cães picada ou moída, de preferência crua e na proporção de 40 a 50% da sua alimentação diária. É necessário, no entanto, que ela seja de animais sadios, fresca, limpa e livre de contaminações. Em caso de dúvida, deve ser cozida.

Farinha de carne – Entra, normalmente, em elevadas porcentagens nas rações balanceadas, devido ao seu alto teor de proteínas, que atinge 70% ou até mais.

Peixes – Possuem uma carne rica em proteínas, minerais e iodo. Eles se estragam com facilidade e rapidez, o que é um grande inconveniente, mas quando estão frescos, são um ótimo alimento para os cães, desde que sejam deles retiradas todas as espinhas, para evitar engasgos ou perfurações que elas possam causar nas vias digestivas dos animais.

Farinha de peixe – É um bom alimento. Bem aceita pelos cães tem, no entanto, um grande inconveniente, que é o seu mau cheiro.

Ovos – São bons alimentos para os cães. Quando cozidos, podem ser dados inteiros para eles. Quando os ovos estão crus, só devemos dar aos cães a sua gema, porque a clara crua é indigesta e causa a eliminação de vitaminas.

Leite – O melhor e mais completo alimento para os filhotes é, sem dúvida alguma, o leite da cadela. Basta mencionar que ele faz com que os cãezinhos que com ele se alimentam, em apenas 9 dias de vida, dobrem o peso que tinham ao nascerem e ainda os sustenta, mantendo o seu crescimento e o seu desenvolvimento até desmamarem com 6 a 8 semanas de vida. Quando, no entanto, a cadela não tem leite ou o produz em pequena quantidade, os filhotes podem ser alimentados com leite de vaca ou de cabra, desde que corrigidos, ou então leite em pó ou condensado e até mesmo queijo, embora este seja muito caro.

Cereais – Os mais utilizados na alimentação de cães são: arroz, milho e aveia, como farinhas ou em flocos. O arroz, considerado um dos melhores alimentos vegetais para cães, deve ser dado cozido, com sal, algum tempero e morno ou frio e misturado com carne, legumes ou caldos.

Massas – São muito apreciadas pelos cães, mas devem ser dadas a eles com um certo cuidado, principalmente na fase de crescimento.

Açúcar – Embora os cães gostem muito de açúcar, sob qualquer forma, como, p. ex., puro, em doces, bombons, balas, rapaduras, etc., quando dado em excesso faz o cão engordar muito e até ficar obeso e pode provocar distúrbios ou problemas de saúde, às vezes graves. O açúcar faz, ainda, o cão perder a fome, descontrolando o seu regime de alimentação. Quando em maiores quantidades, pode provocar problemas em seus dentes, como cáries, p. ex.

Doces, bombons, chocolate, balas etc. – Não devem ser dados aos cães.

Legumes – Os verdes são muito ricos em proteínas mas, quando secos, não são recomendáveis na alimentação dos cães, por serem ricos em amidos, mas pobres em vitaminas. São, no entanto, bons para dietas.

Frutas – Embora sejam um bom alimento, devem ser dadas apenas como um suplemento, por não serem alimentos naturais dos cães, embora eles as aceitem bem e elas sejam ricas em glucídios, minerais e vitaminas.

Sais minerais – São indispensáveis na alimentação dos cães. A sua carência ou mesmo o desequilíbrio entre eles podem causar graves distúrbios ou doenças nesses animais.

Os minerais são necessários, em maiores quantidades, durante a gestação e a lactação; após a desmama dos filhotes e no seu período de crescimento; para reparar desgastes físicos, etc. Por esse motivo, os cães devem receber farinha de ossos, na sua alimentação e também ossos para roerem e para comerem. Esses ossos, no entanto, devem ser grandes e fortes, para evitar que se quebrem em pequenos pedaços pontudos ou cortantes, que podem provocar engasgos e ferimentos, muitas vezes graves nas suas vias digestivas. Por isso, não devemos dar aos cães, ossos pequenos ou finos, como os de aves e de coelhos.

Normalmente, os sais minerais de que mais necessitam os cães são os de cálcio e de fósforo, principalmente para formar o seu esqueleto ósseo, e o cloreto de sódio, para a digestão dos alimentos. Também importantes para eles, são os sais de ferro, manganês, cobre, iodo e outros.

Vitaminas – Embora em pequenas doses, são indispensáveis na alimentação dos cães, pois sua atuação é muito importante para o funcionamento do organismo. A sua falta causa uma queda na produção, uma série de doenças da nutrição e até a morte do cão. Não devem, no entanto, ser dadas em doses muito elevadas, porque o excesso de vitaminas também faz mal ao organismo dos animais.

As principais vitaminas para os cães são:

– *vitamina A*, para o crescimento, a reprodução, etc.;

– *complexo B*. Dele fazem parte as vitaminas B_1, B_2, B_6, nicotilamina, ácido pantotênico, ácido fólico e biotina, que são indispensáveis para prevenir alguns distúrbios nervosos. Além disso, desempenham importante função na assimilação dos hidratos de carbono.

A falta dessas vitaminas pode provocar perda de apetite, atraso no crescimento, certas alterações na reprodução, queda de pêlos, dermatite seborréica, diarréia, paralisias, etc.;

– *vitamina C*. É sintetizada no organismo dos cães. Sua falta pode provocar sintomas parecidos com os do escorbuto;

– *vitamina D_2 ou calciferol e D_3 ou colecalciferol*, cujas atuações são parecidas. A 1ª pode ser encontrada nos vegetais e na levedura de cerveja e a 2ª, principalmente no óleo de fígado de bacalhau. Elas agem na formação do esqueleto ósseo e sobre as glândulas de secreção interna. A carência dessas vitaminas pode causar o raquitismo, porque o cálcio e o fósforo não se fixam no organismo; dentes mal calcificados, etc. Elas podem ser encontradas no leite, no peixe. etc.

– *vitamina E*. Denominada vitamina da reprodução, porque estimula as funções reprodutoras como a produção de espermatozóides; o desenvolvimento normal do embrião; a nutrição dos fetos; conserva o instinto de lactação das cadelas; evita abortos, a morte de recém-nascidos, a perda de potência sexual, etc.;

– *vitamina K ou anti-hemorrágica*, cuja falta provoca atraso no tempo de coagulação do sangue, provocando hemorragias em placentas e abortos;

– *colina*. A carência dessa vitamina causa atraso no crescimento, problemas graves no fígado, rins e nos músculos do coração, bem como anemia, icterícia, etc.

ALIMENTOS COMERCIAIS

Existe uma grande variedade de alimentos para cães, que podem ser adquiridos em casas comerciais. Destacamos, entre eles: rações balanceadas para as diversas categorias de cães (adultos, jovens, filhotes, etc.); flocos de cereais como arroz, aveia e cevada, que devem ser dados somente depois de cozidos; diversos biscoitos; flocos especiais para cães, em geral de origem vegetal e já prontos para o consumo; carnes especiais, de diversos animais como boi, cabra e cavalos, pescoço e cabeça de frangos moídos, etc.

Um fator importante na escolha da ração, no entanto, é o seu preço, principalmente quando se trata de criações comerciais, cujos preços devem ser os mais baixos possíveis, sendo levado em consideração o custo/benefício. Devemos nos lembrar, porém, de que o mais barato não é o que custa menos, mas o que produz os mesmos resultados, pelo menor preço. O mais importante, no entanto, é o sabor ou gosto da ração, porque não adianta nada ela ser a melhor possível, se os cães dela não gostarem e não a comerem normalmente.

A alimentação deve conter determinadas quantidades de proteínas, hidratos de carbono, sais minerais e vitaminas, mas guardando uma certa proporção entre elas, para que a ração possa ser bem equilibrada, o que possibilita aumentar o peso vivo do cão, além de manter a sua produção.

ÁGUA

Sem esse elemento não há vida, pois ela desempenha uma série de funções no organismo do cão. É o solvente indispensável dos alimentos para que eles possam ser digeridos e assimilados pelo organismo; mantém a elasticidade dos tecidos e órgãos; controla e regula a temperatura do corpo, por meio da evaporação, da transpiração, etc.; transporta os princípios nutritivos que resultam da digestão e possibilita a eliminação dos produtos da desassimilação; compõe todos os líquidos e humores do organismo como o sangue, a linfa, o leite, as lágrimas, etc. É necessário, portanto, que os cães recebam uma quantidade de água suficiente para suprir todas as necessidades do seu organismo.

Quando a alimentação dos cães é composta, também por líquidos, eles ingerem menor quantidade de água do que quando se alimentam com alimentos secos ou concentrados, como as rações balanceadas.

Principalmente as cadelas em gestação ou lactação e os filhotes, devem ter sempre, para beber, água limpa, fresca e abundante, pois, quando os cães não bebem água suficiente, perdem o apetite, não assimilam totalmente, os alimentos e emagrecem.

Quanto maior o calor ambiente, maior é a quantidade de água de que necessitam os cães para beber, porque maiores são as suas perdas de água do organismo, principalmente por transpiração e por evaporação.

As necessidades de água dos cães se relacionam diretamente com o volume ou o tamanho do animal; o grau de umidade e a temperatura do seu corpo; o grau de umidade e a temperatura do ambiente; o tipo de alimentação que recebem (seca ou aquosa); seu estado de saúde; sua raça; sua idade; seu sexo e, principalmente, com o tipo da sua alimentação e as perdas de água pelos rins, pulmão e pele, por diversas causas.

Para ser dada aos cães, a água deve ser limpa, fresca, sem nenhuma contaminação ou poluição, de preferência potável ou filtrada e colocada em vasilhas bem limpas e desinfetadas porque, quando em más condições físico-químicas ou contaminadas, podem transmitir aos cães doenças infecciosas, parasitárias ou orgânicas ou causar-lhes intoxicações ou envenenamentos graves, e até provocar a sua morte.

ADMINISTRAÇÃO DOS ALIMENTOS

A alimentação dos filhotes desmamados deve ser feita 4 a 6 vezes ao dia e a dos adultos, 1 ou 2 vezes. É importante, porém, que os alimentos sejam dados sempre às mesmas horas e de acordo com a idade dos cães, pois isso facilita a digestão e evita problemas intestinais. Além disso, a regularidade no horário das refeições facilita os serviços, permitindo ainda, controlar os períodos em que os cães precisam fazer as suas necessidades, inclusive para que possam ser tomadas as medidas necessárias, como o famoso "levar o cão para passear", quando não há um "banheiro" preparado para ele.

Em um canil comercial, no entanto, a alimentação se reveste de maior importância ainda, pois os cães devem receber a alimentação não só de acordo com a sua idade, tamanho, peso, raça, produção, número de crias, categoria (reprodutores), etc., mas em todos os casos, deve ser levado em consideração o custo/benefício.

QUANTIDADES DE ALIMENTOS PARA OS CÃES

Os cães só ficam bem alimentados, por melhores que sejam a composição e a qualidade dos alimentos, se lhes forem administrados na quantidade de que eles necessitam para satisfazerem as suas necessidades nutritivas, pois o importante não é somente a qualidade dos alimentos, mas também a sua quantidade.

Devemos levar em consideração, ainda, que os cães necessitam dos alimentos para manter a sua vida e refazer os desgastes do seu organismo (ração de manutenção) e os necessários para a sua produção como, p. ex., trabalho, leite, filhotes, etc., o que é suprido pela ração de produção.

Quando os cães estão gordos demais ou obesos, devem fazer um regime para emagrecer. Para isso, é necessário controlar, não só a composição mas a quantidade de alimentos, para que eles não os ingiram em quantidades excessivas. Naturalmente, a qualidade e a composição dos alimentos influem, e muito, sobre o regime alimentar desses animais.

Para calcular quanto um cão deve comer por dia, a melhor maneira é administrar-lhe alimentos equivalente a 1/20 do seu peso vivo, o que, normalmente, significa de 450 a 1.500 g, de acordo com o tamanho ou o peso do cão.

ALGUNS DEFEITOS DE ALIMENTAÇÃO E OS SEUS SINTOMAS

Quando os filhotes ou cães maiores não estão se desenvolvendo normalmente e demonstram fraqueza ou "moleza", esses sintomas podem significar que eles estão recebendo uma alimentação má, defeituosa ou deficiente em qualidade ou quantidade.

Alguns outros sintomas podem, também, significar alguns erros de alimentação e, entre eles, temos:

– mau hálito, que pode ser de origem alimentar, por um excesso de fécula na sua alimentação;

– gases e mau cheiro, que podem ser provocados por excesso de ovos ou de carne, inclusive fígado;

– pêlos secos, caindo ou mortos, o que pode ser causado por falta de gorduras, óleos ou, principalmente, de vitaminas;
– muita coceira, mas sem eczema, por falta de vitamina B;
– cão fraco, com musculatura mole e sem forças, provavelmente pelo fato de a sua alimentação ser muito rica em gorduras moles e pobre em elementos energéticos.

"Riga". Fêmea Cocker Spaniel Inglês preta. Prop. Irene de Araujo Lima da Silva.

CORTE AB

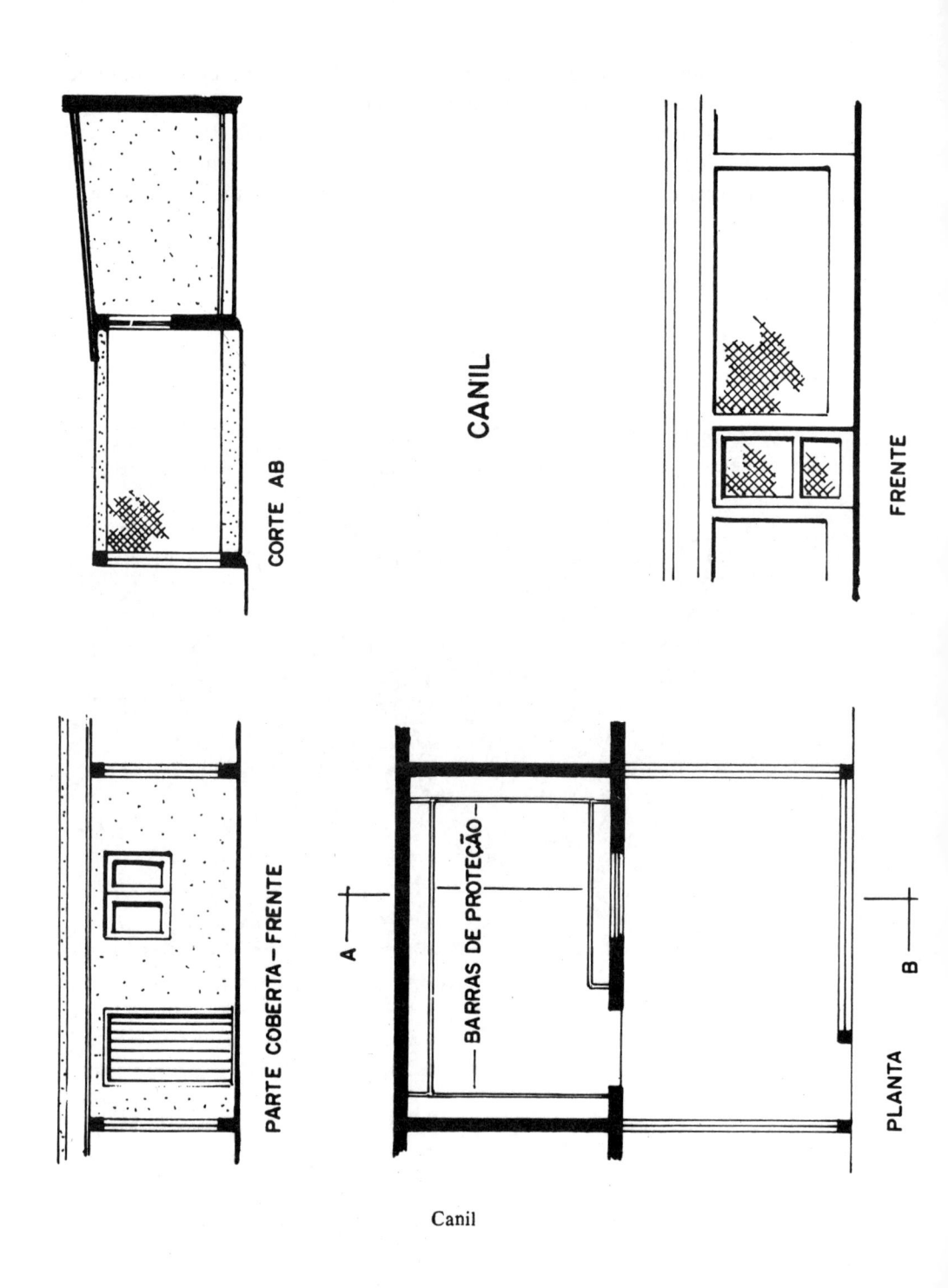

CANIL

FRENTE

PARTE COBERTA - FRENTE

BARRAS DE PROTEÇÃO

A

B

PLANTA

Canil

CAPÍTULO 14

TRATO E HIGIENE

HIGIENE BUCAL

É muito importante para os cães e deve ser feita com regularidade, para evitar cáries dentárias, tártaro, quedas prematuras de dentes, infecções nas gengivas e mau hálito.

Para que a higiene bucal dos cães seja eficiente, devemos tomar os seguintes cuidados: escovar os seus dentes, pelo menos uma vez por semana; não usar pastas de dente de uso humano, porque o flúor e os sabões que elas contêm fazem mal ao estômago desses animais; só usar as pastas para uso canino; não atirar pedras para os cães irem buscar, porque causam ferimentos ou lesões nas gengivas e até quebras ou perdas de dentes; dar aos cães ossos para eles roerem, bem como alimentos duros para eles comerem como, p. ex., pescoço de frango, coração, etc., para evitar a formação de tártaro, cáries dentárias etc.

O mau hálito de um cão pode ser provocado por dentes descarnados, geralmente devido ao tártaro dentário; cáries; infecções dentárias; amídalas com pus; problemas de alimentação, etc.

COMO ESCOVAR O COCKER SPANIEL

Podemos afirmar que, de um modo geral, o objeto mais importante para a higiene e a beleza de um cão é a escova, pois é muito difícil um cão ficar bonito se não estiver bem limpo e bem escovado, de preferência todos os dias, pois a passagem da escova sobre a sua pele limpa os seus pêlos, elimina poeira, pêlos mortos e parasitas como pulgas, piolhos e carrapatos, bem como concorre para evitar que fiquem com mau cheiro e para estimular a sua circulação sangüínea.

Para escovar um cão é melhor colocá-lo sobre uma prancha ou mesa que não tenha a tampa escorregadia. É preferível que sejam forradas por um pano áspero e fixo ou por um tapetinho de borracha, para que o cão não escorregue. A mesa deve ficar sempre no mesmo local, para que o cão se acostume e fique mais calmo, deixando-se escovar com mais facilidade. Quando ele se mexe muito, devemos dar-lhe, energicamente, a ordem "QUIETO", que deve ser repetida quantas vezes forem necessárias pois, em pouco tempo, o cão obedece.

Quando se trata de um cão novo ou de um filhote, é necessário tomar alguns cuidados para que ele não tente pular da mesa ou fique brincando em cima dela, porque atrapalha o serviço e ele pode cair ao chão e se machucar. Nesse caso, devemos: 1 – colocar o cãozinho de pé, em cima da mesa, de lado e com a cabeça virada para o lado esquerdo da pessoa que o vai escovar e que, ao mesmo tempo, coloca a mão esquerda entre as pernas dianteiras do animal e o segura por baixo, pelo peito, de maneira firme, mas que não o machuque e nem o deixe escapar; 2 – com a escova na mão direita, a pessoa o escova bem, começando pela cabeça e indo até à sua parte traseira, até que esse lado "fique pronto"; 4 – o cão é, então, virado para o outro lado e a pessoa coloca a sua mão esquerda entre as pernas traseiras do cão, segura-o firme, pela barriga e escova o lado que ainda não foi limpo, terminando o serviço. Depois de escovado algumas vezes, o cão se acostuma e fica bem quieto.

O USO DE PENTES

Há muitos modelos de pentes especiais para cães, encontrados nas casas especializadas, e que variam bastante quanto aos tipos, tamanhos e utilização, de acordo com a raça dos animais, a necessidade, etc., devendo ser escolhido o que mais se adapte ao cão a ser penteado e que no presente caso é o cocker spaniel.

Tanto para escovar quanto para pentear, devemos ter muito cuidado, principalmente em certas regiões do corpo do cão, por serem mais delicadas e sensíveis como as orelhas, p. ex., e que podem ser machucadas, fazendo o cão sofrer dores, às vezes fortes. Podemos, também, passar sobre o cão uma luva especial ou mesmo uma flanela, o que dá maior brilho aos seus pêlos, que ficam ainda mais bonitos.

Não devemos nos esquecer de examinar o interior das orelhas e dos ouvidos do cão, fazendo neles uma limpeza, para evitar algum problema que possa surgir.

O BANHO NORMAL

O cão gosta de água e de tomar banho, principalmente o cocker spaniel inglês que é, por natureza, um caçador de aves aquáticas como patos e marrecos e que as vai buscar dentro da água, nadando, quando são abatidas, após haver sido por ele "levantadas" e as traz para o seu dono.

O banho é mesmo indispensável para os cães, para a sua higiene, porque retira do seu corpo todas as "sujeiras" como poeira, terra, lama, fezes deles mesmos ou de outros animais, manchas de tintas, de óleos, etc., parasitas como pulgas, piolhos e carrapatos, melhorando o seu aspecto e lhes dando um certo alívio e conforto. Além disso, faz os seus pêlos ficarem limpos e desembaraçados, podendo ser melhor escovados, bem penteados e mais bem tratados, ficando mais bonitos e brilhantes e sem nenhum cheiro desagradável. Além de ficarem sujos e com mau aspecto, os cães que não tomam banho ficam com o seu cheiro natural muito forte e desagradável.

O primeiro banho pode ser dado, normalmente, quando o filhote atinge 4 ou 5 semanas de idade ou mesmo antes, quando necessário e desde que sejam tomados os devidos cuidados.

Para darmos um bom banho em um cocker spaniel devemos: 1 – colocá-lo em uma banheira com um tapetinho de borracha no fundo, para que ele não escorregue, o que proporciona maior conforto ao cão e facilita o seu banho, mas o local deve ser bem abrigado para protegê-lo do frio e de correntes de ar, principalmente no inverno; 2 – a água para o banho deve ser limpa e morna e nunca muito quente; 3 – podemos usar também xampu, creme rinse ou sabonetes especiais para cães, para que seus pêlos fiquem mais soltos, mais limpos e brilhantes; 4 – usar uma pequena mangueira fina ou um chuveirinho com água morna para encharcar bem todo o corpo do cão e depois a sua cabeça, mas tomando todo o cuidado para não deixar cair água nos seus ouvidos. Para evitar que isso aconteça, devemos colocar um pedaço de algodão nos ouvidos do animal; 5 – começar a ensaboá-lo bem, esfregando-o bastante, para que ele fique bem limpo e com os pêlos soltos e brilhantes 6 – depois de ensaboado, enxaguá-lo bem, retirando todo o sabonete ou xampu; 7 – enxugar bem o animal, com uma toalha felpuda e depois empregar um secador elétrico, mas apenas com o ar morno, para que os seus pêlos fiquem bem secos.

Durante o banho e depois dele, é muito importante evitar o frio, os ventos ou correntes de ar, porque podem provocar resfriados no cão. Quando, logo depois do banho, ele começa a espirrar e apresenta um ligeiro corrimento nasal, parecendo um resfriado geralmente se trata de uma irritação causada pelo sabonete ou pelo xampu usados para lavá-lo.

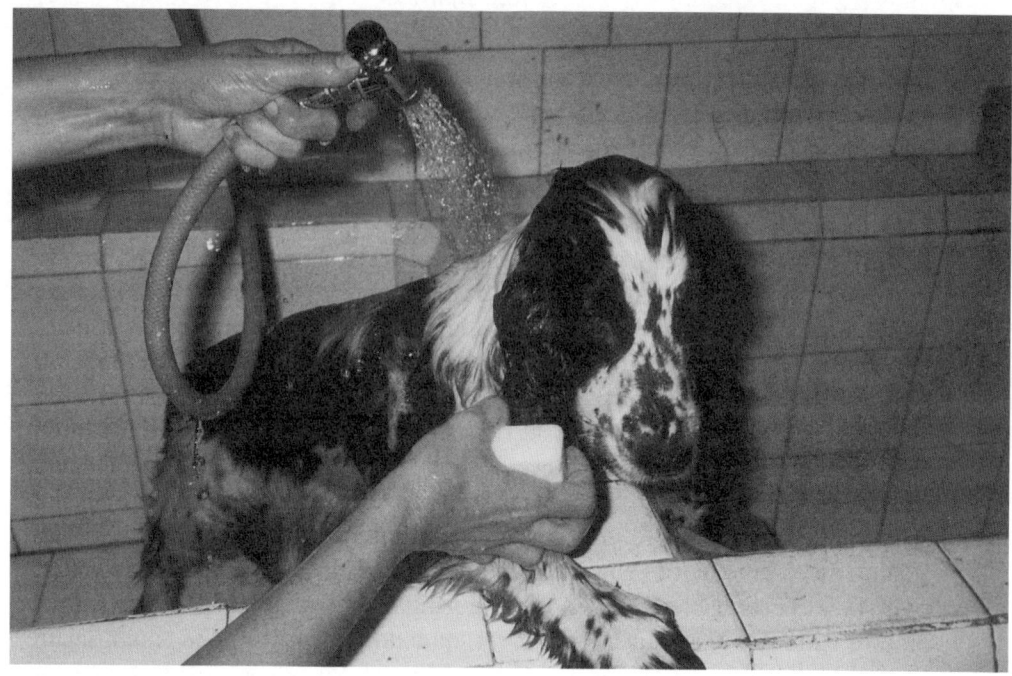

Banho normal. Canil Macoe's Place. 1- encharcando e ensaboando.

Banho normal. 2- enxaguando.

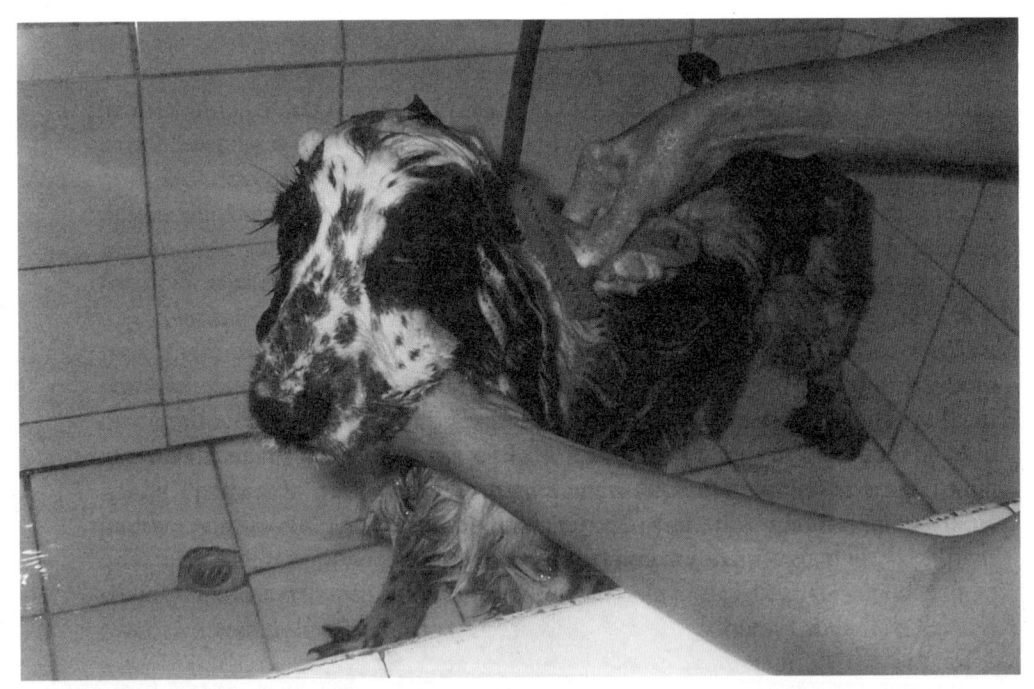

Banho normal. 3- desembaraçando os pêlos.

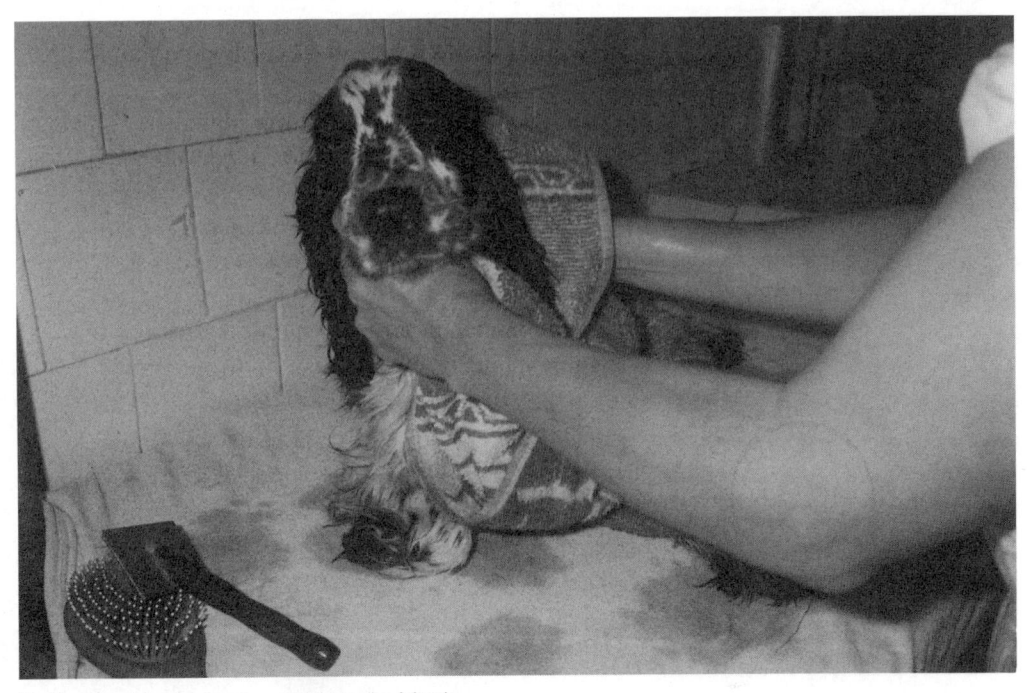

Banho normal. 4- enxugando com uma toalha felpuda.

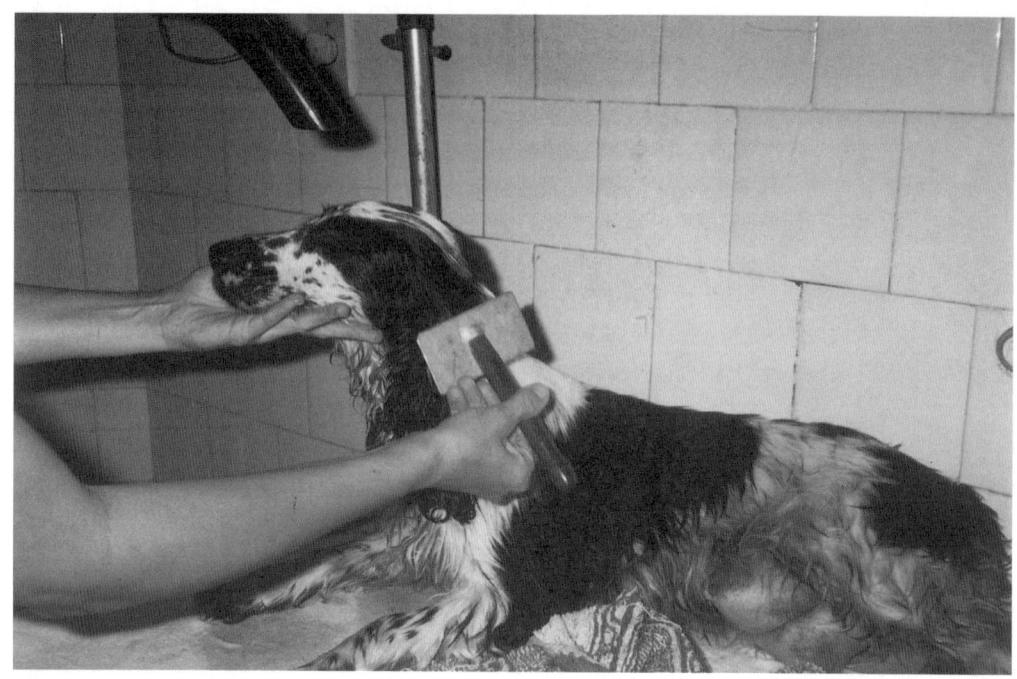

Banho normal. 5- usando o secador elétrico.

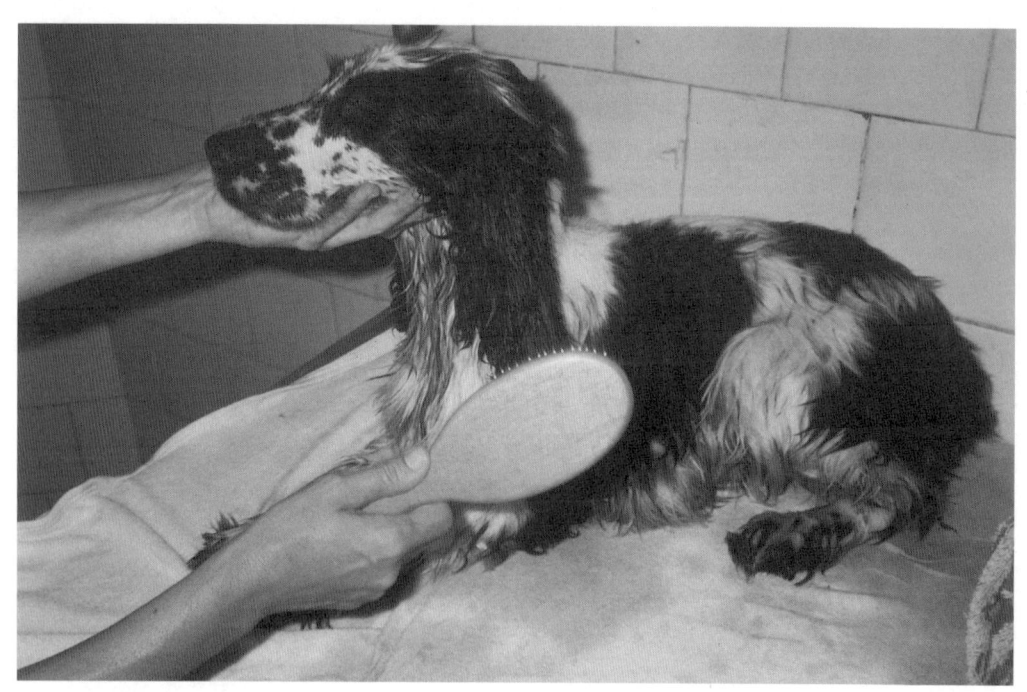

Banho normal. 6- escovando.

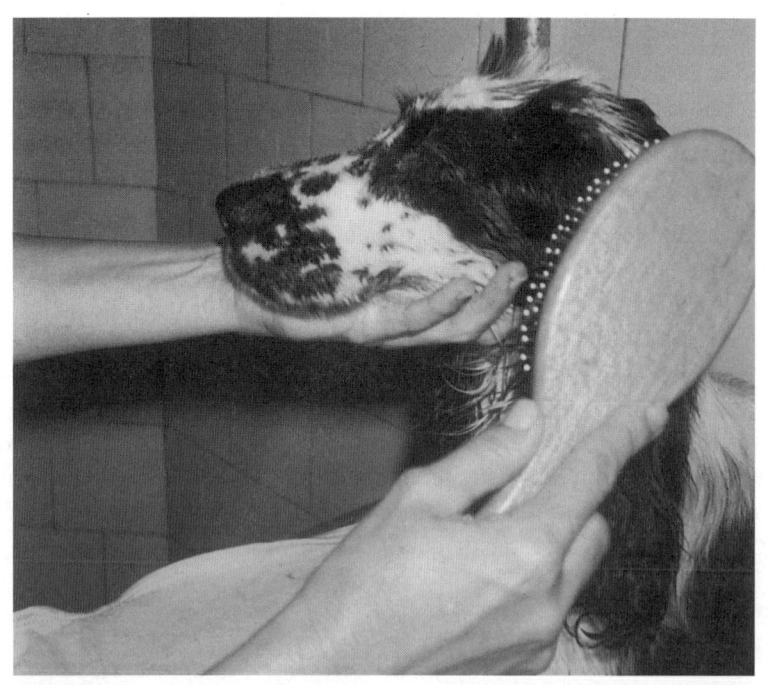

Banho normal. 7- escovando a orelha, com todo o cuidado.

Banho normal. 8- já "de banho tomado", penteado, limpo e perfumado.

Os cães devem tomar banho 1 vez por semana, de 15 em 15 ou de 30 em 30 dias, no máximo, pois banhos muito freqüentes não são aconselháveis, porque removem a camada oleosa que protege a sua pele e que leva mais ou menos 1 semana para se recompor.

Naturalmente, em caso de necessidade, os cães podem e devem tomar banho, mesmo que já o tenham feito até no mesmo dia, como no caso de ficarem muito sujos ou de se sujarem com óleos, produtos químicos, etc.

Em certos casos, no entanto, não devemos dar banhos nos cães como, p. ex., em cadelas no 1º mês de gestação; filhotes com menos de 12 semanas de idade, exceto em caso de necessidade e somente com água morna e com muito cuidado, para que não entre água em seus ouvidos ou nos seus olhos e em animais doentes, com febre ou com indisposições, mesmo que passageiras.

Quando os cães não puderem tomar banho, a sua higiene pode ser feita com talcos, desodorantes etc. desde que de uso canino.

BANHO A SECO

Os cães podem tomar banho sem o uso da água, sendo nele empregados produtos adequados para isso, como xampus e talcos especiais: são os chamados "banho a seco", mas que só devem ser empregados quando os cães não puderem tomar o banho normal, com água, por estarem doentes, ou por dificuldades para obter esse elemento.

OUTRO TIPO DE BANHO

Quando não pudermos ou não quisermos, mesmo, dar um banho normal com água ou um banho a seco, no cão, podemos banhá-lo empregando uma fórmula caseira, cuja composição é a seguinte: 1 (um) copo de água morna; 1 (uma) colher das de sopa de vinagre branco e 1 (uma) colher das de sopa de álcool. Misturar bem esses ingredientes e depois, passar o líquido obtido nos pêlos do cão.

LIMPEZA DOS OUVIDOS

Como o cocker spaniel possui as orelhas com muitos e compridos pêlos, é necessário cuidar da sua parte interna e ouvidos. Para isso, podemos limpá-los com um cotonete ou um algodão com álcool ou um óleo mineral infantil (uso humano). Usar, depois, um algodão seco para retirar a cera. Essa limpeza deve ser feita para evitar problemas quando eles estiverem sujos, com alguma lesão, ou quando cai água dentro do ouvido do cão, para evitar que ele tenha dores ou inflamações do ouvido, por serem muito dolorosas, fazendo os animais sofrerem muito.

ALGUNS PRODUTOS OU UTILIDADES PARA CÃES

Não podemos reduzir a "toalete" dos cães apenas aos banhos, para que eles fiquem "bem limpinhos". Podemos fazer com que eles fiquem, também, bem perfumados, porque existem xampus e perfumes especiais para cães, inclusive importados e imitações perfeitas de famosos perfumes franceses.

ROUPAS E ACESSÓRIOS

Além de tomarem banho e de ficarem perfumados, os cães podem se "vestir" e até com bastante elegância, porque eles têm, à sua disposição, camisas, inclusive esportivas, com as cores do seu clube; bonés; capas; macacões; blazers; suéteres; gravatinha borboleta; capas de chuva; botas; sapatos; mochilas para viagens, para serem carregadas por eles mesmos; fitas para a cabeça; óculos de Sol; adornos, etc. São encontradas, também, calças plásticas para que os cães não "sujem" a casa, principalmente quando vão fazer uma visita ou quando a cadela está em cio.

Existem, ainda, à disposição dos cães, diversos brinquedos como bichinhos, bolas e hamburgueres, pirulitos e ossos de plástico especiais para eles brincarem e morderem, limpando e afiando os seus dentes.

OUTROS PRODUTOS

Encontramos, também, alguns produtos líquidos ou em massa, especiais para evitar que os cães entrem ou fiquem onde não devem. Eles podem ser colocados nos pés de móveis e em outros locais para que os cães não os sujem, arranhem, mordam ou mastiguem, estragando-os ou os destruindo.

Os cães, no entanto, não dispõem apenas de conforto nas instalações em que vivem, mas possuem, também, algumas regalias, entre as quais comidas e bebidas especiais como, p. ex., refrigerantes.

TOSA OU TRIMMING

O trimming é uma forma ou técnica para completar a higiene e a elegância do cão, embelezando-o e proporcionando maior prazer e satisfação a seu dono, devido à melhor apresentação do seu amigo e companheiro. Nos cães dourados e nos laranja-e-brancos, o trimming pode ser feito até 1 semana antes do dia da exposição, mas os de outras cores podem ser trimados até 2 dias, apenas, antes do evento.

Devemos, no entanto, fazer o trimming, de acordo com o padrão oficial da raça, no presente caso, cocker spaniel inglês, bem diferente, inclusive, do padrão cocker spaniel americano e, de um modo geral, devemos deixar pêlo com uma apresentação bem natural, destacando os contornos do corpo do animal, mas sem que fique esbarrando no chão ou nos pisos por onde anda.

NÃO RASPAR OS FILHOTES

Muitas pessoas pensam que devem raspar os pêlos ou "lãs" dos filhotes porque, assim procedendo, vão fazer nascer pêlos mais fortes e bonitos, isto é, que essa raspagem serve para fortalecer os pêlos do seu cão. Não aconselhamos essa prática porque, realmente, não dá os resultados desejados e ainda tem o grande inconveniente de fazer o pêlo já existente engrossar. O melhor, portanto, é esperar que o cão, quando estiver com 12 a 18 meses de idade, entre na muda sendo, aos poucos, substituído todo o seu pêlo antigo por um outro pêlo melhor e mais bonito, que é o pêlo que forma toda a pelagem normal do cocker spaniel inglês, de acordo com o padrão oficial dessa bonita raça.

LOCAL E INSTALAÇÕES

Para que possamos trabalhar melhor e com mais conforto, devemos dispor de um local que disponha de rede elétrica e instalações para água, e que seja bem abrigado e seguro, para evitar que o cão possa dele fugir ou que ele seja invadido por pessoas estranhas ou por outros animais. Além disso, ele deve ser bem iluminado, livre de ventos e de correntes de ar, e protegido dos raios diretos do Sol. Também o cão se sente melhor em um ambiente agradável, o que concorre para ele ficar mais calmo e suportar melhor o trimming que, geralmente, leva de 2 a 3 horas, para ser feito, quando se tratar de um cão para exposição, pois exige o emprego de material especializado, sendo a máquina empregada somente na cabeça do animal, e muito mais cuidado e atenção do que quando se trata de um "pet" ou animal de estimação, no qual basta ser utilizada a máquina de tosar, para todo o serviço, e uma tesoura somente para o acabamento. Por esses motivos, para tosar um pet, o tempo é bem menor, durando o trimming mais ou menos 1 hora.

Para os serviços, o operador deverá ter, à sua disposição:

– **a mesa sobre a qual será colocado o cão** para o trimming, e cuja tampa deve ter um tapetinho de borracha ou ser forrada com um material que não deixe o cão escorregar, para que ele não fique tenso e com medo de cair ao chão, ficando, por isso, inquieto e se mexendo muito, o que dificulta os trabalhos. Quando, por qualquer motivo, o cão começa a se movimentar muito, devemos dar-lhe a ordem "QUIETO", com energia, e quantas vezes forem necessárias, até que ele fique parado;

– **mesa auxiliar**, para que seja colocado, sobre ela, todo o **material necessário para o trimming** ser feito sem problemas, com bastante eficiência e cujos ítens são: 1 – máquina de tosar (animal clipper) com lâminas tamanho 10# e 15# (blade size 10# e 15#); 2 – tesoura reta (straight shear); 3 – tesoura dentada de um só lado (thinner shear – single edge blending shear); 4 – faquinha de stripping (magnet stripper); 5 – pente de aço com pontas redondas (steel comb rounded on ends) tamanho 19 cm (size 7,5"); 6 – escova de pinos (pin brush); 7 – rasqueadeira (slicker brush); 8 – pedra vulcânica (stripping stone) e 9 – mesa com girafa (grooming table with arm).

Não devemos substituir o material indicado, porque os resultados obtidos poderiam não ser satisfatórios e o cocker ainda poderia sair ferido, com prejuízos para o seu dono como, p. ex., não poder exibí-lo em uma exposição.

Além disso, devemos ter alguns cuidados ou tomar algumas precauções como, p. ex.: 1 – dar um bom banho no cão, na véspera do trimming, é o melhor, para que ele fique bem limpo e com os pêlos desembaraçados, o que facilita, bastante, os trabalhos; 2 – verificar a voltagem da corrente elétrica, antes de ligar a máquina de tosa, para evitar problemas, às vezes sérios, inclusive que queime o seu motor; 3 – examinar a máquina para confirmar se ela está em perfeitas condições de funcionamento; 4 – deixar a máquina de tosar sempre em lugar seguro e à mão, e nunca sobre a mesa de trimming, porque ela pode cair e se quebrar; 5 – não deixar, nunca, mesmo que por pouco tempo, o cão sozinho, na girafa, sobre a mesa, porque ele pode sofrer um acidente grave e até fatal.

Importante, quando fazemos um trimming, é ter cuidado e paciência, não castigando o cão, mas apenas dando-lhe a ordem "QUIETO", quando ele ficar indócil e se mexendo muito.

Não nos devemos esquecer, porém, de que durante o trimming, devemos soltar o cão no chão, algumas vezes, para que ele se movimente, "estique as pernas", beba água e faça as suas necessidades pois, muitas vezes, ele fica inquieto e se mexando muito, porque está cansado de ficar parado, em pé, ou então, porque está com vontade de "ir ao banheiro".

COMO FAZER O TRIMMING DO COCKER SPANIEL INGLÊS

Sendo adotada a técnica que indicaremos a seguir, a máquina de tosar só é empregada em determinadas regiões da cabeça, e com lâminas de 10# ou de 15#.

Passaremos a descrever como é feito o trimming nas diversas regiões do corpo do cocker spaniel, e o material empregado em cada uma delas.

CABEÇA

– **face, focinho, 1/3 do comprimento total da orelha e garganta**. O trimming deve ser feito, sempre, no sentido contrário ao do crescimento dos pêlos, na face, no focinho e da inserção anterior da orelha, até o canto externo do olho. Nesse local, encontramos um degrau de pêlos, que deve ser desmanchado com uma tesoura dentada, uma faca de stripping e uma pedra. Quando fizermos o trimming na garganta, devemos tomar cuidado para não atingir o esterno, pois ele deve ficar coberto. Para que os lábios fiquem com as suas formas e os seus contornos bem visíveis e acentuados, devemos esticá-los bem e com cuidado, para que seja deles retirado todo o excesso de pêlo;

– **crânio**. O pêlo da parte superior do crânio (topo) deve ser penteado e desbastado com a faquinha de stripping e com a pedra vulcânica (não confundir com a pedra pome), mas sempre no sentido contrário ao do crescimento dos pêlos, para que fiquem bem assentados. Eles não devem ser cortados com a máquina.

CORPO E MEMBROS

– **ombros, pernas dianteiras, laterais e flancos**. Devemos manter essas regiões bem naturais, mas curtas, o que é feito com o emprego da pedra;

– **patas dianteiras**. Elas devem ter as suas frentes limpas, mas sem que a sua ossatura fique parecendo leve. Além disso, não devem ter franjas muito compridas ou volumosas. Para isso, com uma tesoura dentada, limpamos as 2 laterais das pernas do animal, para que, quando olharmos essas pernas dianteiras, de frente, possamos ver destacados os pêlos e não as franjas posteriores dessas pernas. Essas franjas devem formar um ângulo parecido com o da linha lateral do corpo;

– **pés**. Devem ser bem pequenos: quanto menores, melhor, e com as unhas cortadas bem curtas. Os pêlos que existem na parte de baixo das patas, entre os dedos, devem ser tosados bem rentes às almofadas digitais e plantar;

– **ombros, linha superior do pescoço, cernelha, dorso, garupa e laterais do corpo**. O trimming dessas regiões deve ser feito, sempre, no sentido do crescimento dos pêlos, sendo empregadas, para isso, uma faquinha de stripping e uma pedra. Esse serviço deve ser feito 1 vez por semana.

Devemos levar em consideração, também, o que o emprego exagerado, da pedra, pode provocar um efeito parecido ao da tosa à máquina.

– **franjas laterais do corpo**. O pêlo do dorso vai aumentando de comprimento, à medida que vai se aproximando das franjas laterais que começam na parte mais arqueada da caixa torácica. Essas franjas devem ser mantidas sempre aparadas, com o emprego de uma tesoura reta ou dentada, mas não devem ficar paralelas ao solo ou nele encostar;

– **patas dianteiras**. Suas franjas devem formar um ângulo mais ou menos parecido com o ângulo encontrado na linha inferior da lateral do corpo;

– **patas traseiras**. Possuem franjas dianteiras, que seguem da ponta dos pés, em direção ao corpo, mas deixando os pés sempre visíveis e descobertos;

– **região traseira e jarretes**. Toda essa região deve ser limpa com o emprego de uma tesoura dentada, ou seja, abaixo da cauda, os jarretes e a parte interna, que não deve ser mantida com pêlos demais.

Para os cockers que não "freqüentam" exposições, o trimming deve ser feito a cada 2 ou 3 meses e de acordo com o padrão da raça. Quando, no entanto, os cães são preparados para exposições, sua manutenção deve ser semanal.

Agradecemos a colaboração da sra. Patrícia A. Parsloe, criadora e especialista, que nos proporcionou elementos sobre o trimming do cocker spaniel inglês.

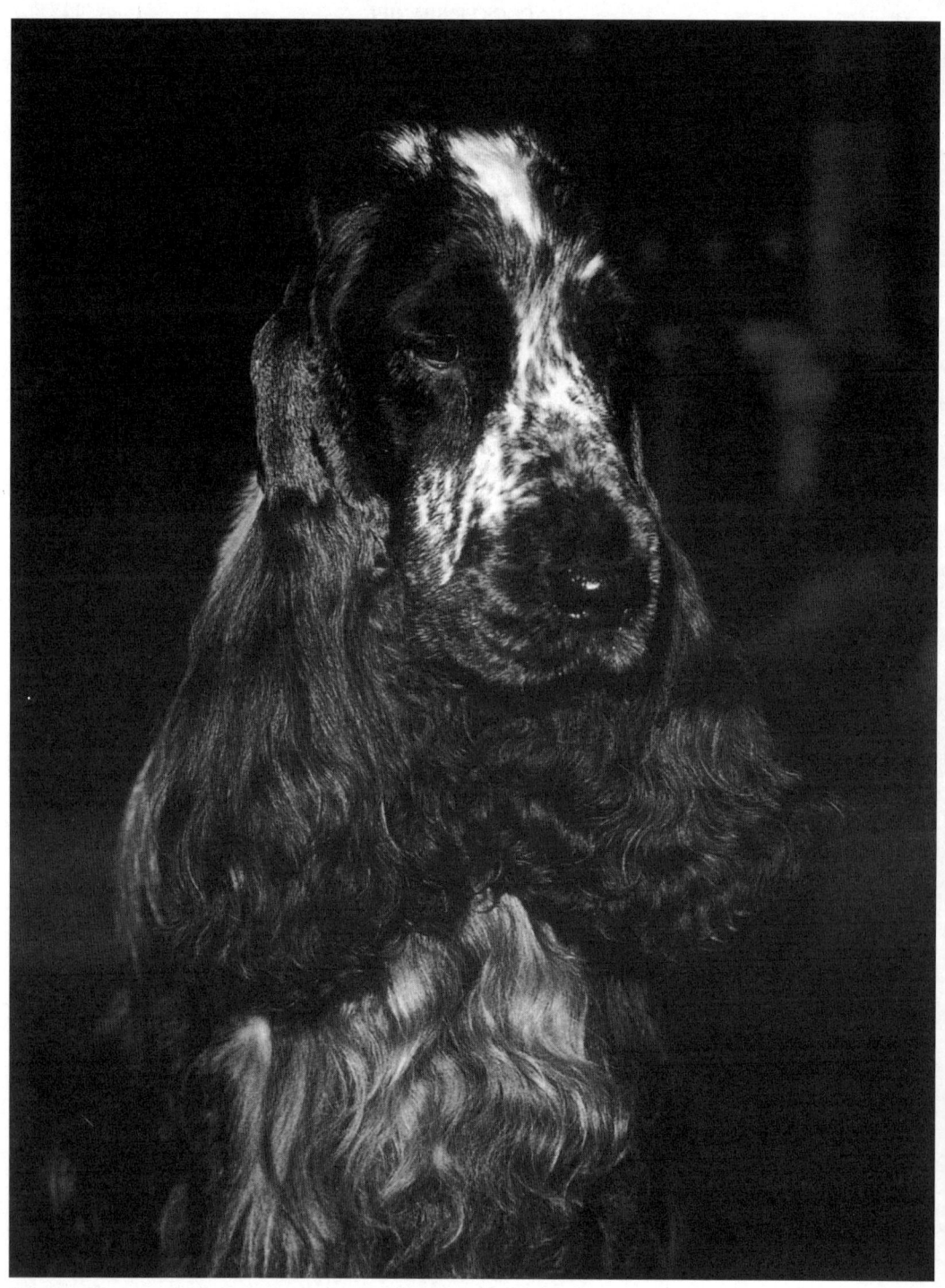

Echolake Cervantes. 3 anos. Azul ruão. Nosey's Club English Cocker.

CAPÍTULO 15

ALGUMAS DOENÇAS E VACINAÇÃO

Os cães podem ser atacados por algumas doenças, entre as quais temos as que seguem.

Verminoses. Por maiores que sejam os cuidados com a limpeza e a higiene, raramente uma ninhada fica livre do ataque de vermes intestinais, porque os filhotes se infestam ao mamarem nas tetas que se sujam e contaminam, quando a cadela se deita, e elas encostam no chão. O filhote atacado por vermes fica triste e abatido; perde peso devido a um emagrecimento progressivo; fica com o ventre inchado e volumoso; seus pêlos ficam foscos e sem brilho; apresenta diarréia e mucosidade nas fezes; vermes nas fezes ou somente "bolos" ou novelos de vermes saindo pelo ânus.

Quando o filhote apresenta sintomas de uma infestação deve tomar um vermífugo, mesmo antes de desmamar, para que elimine os vermes e se recupere.

As pílulas de vermífugos por via oral devem ser colocadas bem no fundo da boca do filhote e, para que ele não a "cuspa", sua boca deve ser mantida fechada, até que ele engula o medicamento.

A vermifugação dos filhotes deve ser adotada como rotina e eles só devem ser vendidos após haverem tomado o vermífugo.

VACINAÇÃO E DOENÇAS

Como rotina, todo filhote deve ser vacinado contra algumas doenças como as que descrevemos a seguir.

Cinomose. Doença infecciosa muito contagiosa, causada por um vírus. Apresenta os mais variados sintomas, sendo o mais comum e típico o aparecimento de "bolinhas" amarelas, de pus, na barriga do animal. Pode atacar os aparelhos respiratório e digestivo do cão ou o seu sistema nervoso. Todos os cães são por ela atacados, principalmente os novos, de 2 a 6 meses de idade, o que pode causar a sua morte. Contra essa doença existe uma vacina eficaz, que deve ser dada ao cão todos os anos.

Hepatite infecciosa. Ataca o fígado, causa dores abdominais, sangramento, depressão, etc. Os cães muito jovens e os muito velhos são os mais sujeitos a ela. A vacina contra a hepatite é eficaz e deve ser anual.

Leptospirose. Transmitida, principalmente, pela urina dos ratos, ataca também o homem. Não apresenta sintomas específicos, sendo todos eles gerais, como perda de apetite, fraqueza, vômitos e febre alta e, por isso, o seu diagnóstico clínico não é muito fácil. Vacinar os cães todos os anos.

Parvovirose. Doença infecciosa grave, por vírus, ataca os cães de todas as idades e pode ser mortal. Fazer a vacinação anual.

Coronavirose. É uma virose altamente contagiosa e de elevada mortalidade, principalmente entre os cães jovens. É causada pelo *Coronavirus (CCV)*. Não é transmissível ao homem e já se espalhou por todo o mundo. Seus principais sintomas são prostração; letargia; falta de apetite; diarréia com fezes amareladas, alaranjadas ou sangüinolentas, com forte cheiro fétido característico e com muco; vômitos biliosos, espumantes e, às vezes, sangüinolentos. O período de incubação da doença varia, podendo ser de 24 a 36 horas ou até mais longo.

Os cães atacados por essa virose podem se recuperar, em geral, de 7 a 10 dias após o início da doença. Para combatê-la, o melhor é vacinar os cães.

Influenza ou infecção tráqueo-bronquial canina. Ataca o aparelho respiratório dos cães de qualquer idade. É muito contagiosa, transmitida por contato direto ou indireto com cães doentes. Por ser uma das doenças mais perigosas para os cães, quanto mais cedo e rapidamente eles forem medicados, maiores serão as suas possibilidades de cura. Os seus sintomas são febre alta e tosse forte, com catarro ou mucosidade e dura, normalmente, de 2 a 4 semanas. Existe uma vacina muito eficaz contra essa influenza e os cães devem ser vacinados contra ela.

Existem vacinas múltiplas contra as doenças tratadas no presente capítulo, o que facilita o seu combate.

Raiva. Provocada por um vírus, essa doença é transmitida pelo contato com a saliva contaminada de um animal raivoso, principalmente cão, por lambedura ou mordida, ao homem, a outro cão ou a outros animais. É uma doença mortal. Pode ser transmitida também por morcegos, principalmente hematófagos ("vampiros"), que se alimentam do sangue dos animais que eles atacam normalmente, todas as noites, como cavalos, bois, etc.

A vacina anti-rábica deve ser aplicada quando o cão atinge 4 meses de idade e depois, uma vez por ano.

O esquema geral de vacinação deve ser prescrito por um médico veterinário.

Nosey's Club Gold Manly "Manly". Cocker spaniel dourado.

Canil Macoe's Place. Filhote cocker spaniel inglês cor black-and-tan, com o seu brinquedo predileto, um osso artificial.

CAPÍTULO 16

ENSINO E TREINAMENTO DO COCKER SPANIEL INGLÊS

O cocker spaniel inglês é, sem dúvida, um excelente cão de companhia, apesar de conservar o seu instinto de um ótimo cão de caça. É um dos mais apreciados como cão de companhia e, no presente trabalho, nós o tratamos sob este aspecto, sua principal função, atualmente. Ele, no entanto, deve ser ensinado para que melhor se adapte aos costumes ou hábitos humanos.

A obediência e o aprendizado de algumas "regras" são a base desse ensino, que não é difícil, se for iniciado quando o animal ainda é novo. Para obtermos bons resultados, no entanto, são necessárias paciência e perseverança. Não devemos desanimar, mesmo que seja necessário um pouco mais de trabalho, porque é desse começo que vai depender todo o relacionamento entre o cão e o seu dono, as outras pessoas que com ele convivem, os estranhos e o ambiente em que vive.

O objetivo do ensino, no entanto, não é o de dominar completamente o cão ou o de quebrar o seu orgulho, a sua vontade ou o seu caráter, mas o de orientá-lo, ensinando-lhe algumas coisas para que melhor se adapte à companhia dos homens, o que o obriga, muitas vezes, a controlar os seus hábitos naturais. Devemos mostrar-lhe, porém, que deve nos reconhecer como o seu líder ou chefe, por nossa autoridade e pela justiça com que o tratamos, o que não é difícil porque, quando vivia em matilha, o cão possuía um líder que ele respeitava e obedecia, mas contra o qual lutava pela liderança do seu bando, quando percebia que ele estava ficando velho, não possuía mais a mesma energia ou que vacilava nas suas atitudes de chefe.

Não há fórmulas rígidas para ensinar os cães, porque eles variam muito de inteligência, temperamento, etc. e, principalmente, porque eles se adaptam aos hábitos e temperamento do seu dono.

Pelo exposto, podemos definir que, ensinar os cães é induzi-los e acostumá-los a fazer, de boa vontade e até com prazer, coisas que os tornem agradáveis e úteis e evitar que mantenham hábitos indesejáveis para a convivência com os homens.

Importante ao ensinarmos os cães é nos lembrarmos sempre, de que eles são animais e de que, para eles, determinados hábitos não são maus, mas apenas normais ou instintivos.

O ENSINO

Começa quando os filhotes ainda estão mamando e controlamos o seu comportamento ao mamar. Devemos, depois, ensiná-los a não roubar a comida dos pratos dos seus irmãos e companheiros, dizendo "NÃO", e os elogiando dizendo "MUITO BEM", etc., quando eles voltam para os seus próprios pratos. Eles passam, assim, a identificar os tons da voz, isto é, quando é zangada, enérgica e de reprovação do "NÃO" e quando é delicada, meiga, carinhosa, de aprovação, ou seja, uma forma de agradar, do "MUITO BEM".

Outra coisa importante é que os cãezinhos só devem começar a sair para passear, depois de estarem vacinados, inclusive contra a raiva, aos 4 meses de idade. Além disso, devemos evitar que eles andem muito, fazendo muito esforço, porque os ligamentos das suas patas ainda são muito fracos e eles se cansam com facilidade.

O ensino dos cães pode começar desde cedo, mas o seu treinamento, somente a partir de 4 meses, quando for para exposições ou então com 8 a 9 meses de idade.

O TREINAMENTO, AS PALAVRAS E AS ORDENS

Devemos treinar os cães para que possam entender melhor os homens e com eles conviver da melhor maneira, respeitando-os e obedecendo suas ordens. É necessário, porém, que o cão sinta firmeza e energia no seu treinador, para que o obedeça, com maior facilidade. O treinamento deve ser feito com regularidade e não deve ser interrompido até serem obtidos os resultados desejados.

Como os cães não entendem as palavras, devemos ligá-las aos sons, aos tons de voz e a gestos, poque eles relacionam os sons e os seus tons aos gestos, e passam a compreender melhor as ordens que lhes são transmitidas. Pelos mesmos motivos, os comandos devem ser dados de maneira enérgica e com palavras curtas, nas ordens; meigas, nos elogios; zangadas, quando forem para repreensões e carinhosas, quando de agrado ou de elogio, quando eles obedecerem ordens, executaram um bom trabalho ou quando vão dormir.

As ordens dadas aos cães devem ser por eles obedecidas imediatamente, sem dúvidas ou preguiça. Quando acertam, são elogiados e recebem agrados, eles ficam com vontade de acertar, pois ligam o fato de acertarem aos carinhos recebidos. É interessante, no entanto, lembrar sempre, que impaciência, gritos e brutalidade nada resolvem e revelam, somente, que a pessoa que assim age, não tem condições para treinar cães, porque, para isso, é necessário ter paciência. Não podemos querer ensinar-lhes várias coisas em pouco tempo, o que só os deixaria confusos e os resultados poderiam ser os piores possíveis.

Como o temperamento e a inteligência dos cães variam muito, as pessoas mais indicadas para ensiná-los e treiná-los, seriam os seus donos. O principal, porém, é que o cão reconheça o seu dono como o seu chefe ou líder. É necessário, no entanto, que as ordem sejam claras e que eles sejam tratados com energia, mas com justiça, bondade e carinho, quando assim o merecerem. As ordens dadas aos cães devem ser, aos poucos, substituídas por gestos, como verificaremos mais adiante.

OS EXERCÍCIOS

Os cães de todas as idades, desde filhotes, necessitam de exercícios diários para se manterem com saúde e espertos. Deixá-los soltos e livres para correr, brincar ou passear é muito interessante, pois essas atividades significam bons exercícios, que podem ser feitos em pequenos espaços como jardins, quintais e até em apartamentos.

Antes de começarem a fazer exercícios mais "puxados", os cães devem fazer um bom "aquecimento", para evitar problemas de luxações, distensões, etc.

Como exercícios, eles podem andar ou trotar junto com o dono quando ele faz a sua caminhada ou corrida diária ou quando anda de bicicleta, puxando o seu cão; correr atrás de objetos como halteres bolas, discos voadores de plástico e que, de preferência, não possam ser rasgados pelos cães; bolas especiais duras, de plástico e aromatizadas, o que facilita os cães a encontrá-las, etc.

ALGUMAS REGRAS PARA O TREINAMENTO

Durante o ensino ou treinamento dos cães e a sua convivência com os homens, devemos seguir algumas regras, entre as quais destacamos: não castigá-los por alguma falta mas, ao mesmo tempo, permitir que eles a repitam, dando-lhes a oportunidade para isso; estimulá-los durante o ensino, com elogios, carinhos e até recompensas como guloseimas, quando o merecem ou repreendê-los e até castigá-los, quando for necessário.

Por mais inteligentes que sejam, no entanto, eles não deixam de pensar e de se comportarem como animais. Assim sendo, é necessário controlar e entender o seu comportamento, como nos seguintes casos: cães que sempre viveram juntos e que nunca brigaram, um certo dia têm a sua primeira luta, pois é da sua natureza lutar. Nessa ocasião, mesmo que o seu dono o chame, ele não o atende, como sempre o faz, porque o cão não foge da luta para não ficar desmoralizado; não adianta bater em dois cães que estão brigando, para separar uma briga, porque eles nem sentem as pancadas: o melhor é jogar água fria no focinho dos animais e só separá-los depois que eles pararem de brigar. Não havendo água para isso, o melhor é segurar nas pernas traseiras dos cães e puxá-las para cima e para um dos lados, o que termina com a briga. Não devemos tentar separar pela frente cães que estão brigando, para não levarmos mordidas, sempre violentas. Essa briga entre dois cães que sempre foram amigos, significa que estão agindo pelo seu instinto, herdado dos seus antepassados, quando eles lutavam pela chefia ou liderança do seu bando ou matilha. Além disso, o cão reconhece o homem como o seu líder indiscutível; os cães são inimigos naturais de outros animais como os gatos, p. ex., embora, quando criados juntos desde pequenos ou quando a "apresentação" entre eles é bem feita, possam se tornar amigos. Há, mesmo, casos de cadelas "adotarem" e amamentarem gatinhos, deles cuidando até depois de ficarem adultos; cães que deitam em "sujeitas" como estercos, animais mortos, etc., não são "sujos" ou "porcos", como pode parecer, porque estão fazendo, por instinto, o que os seus ancestrais faziam para "pegarem" algum cheiro diferente do seu próprio e poderem, assim, surpreender a caça, mesmo com o vento desfavorável a eles.

Devemos evitar que os cães aprendam a abrir portas, portões e janelas, para impedir que fujam de casa e se percam, sejam roubados, etc.

A ORDEM "NÃO"

É, provavelmente, a mais importante que podemos dar a um cão porque ele, ao ouvir essa ordem, que deve ser dada sempre em tom enérgico ou zangado, deve parar imediatamente o que estiver fazendo, seja o que for. Se, p. ex., ele estiver comendo ou roendo alguma coisa e receber a ordem "NÃO", e continuar a fazer o que estava fazendo, deve ser castigado imediatamente. Para isso, batemos nele com um jornal enrolado e, ao mesmo tempo, com energia, repetimos "NÃO".

Ensinando o cão a obedecer imediatamente a ordem "NÃO", podemos evitar uma série de problemas e até mesmo uma desgraça como, p. ex., quando o cão ataca uma pessoa, principalmente uma criança.

Por serem inteligentes, quando não são tratados e ensinados com a energia necessária, os cães percebem a fraqueza do seu dono e podem até dominá-lo, fazendo somente o que querem e passam até a ser "os donos da casa", porque todos que nela vivem, passam a viver em função da existência desses cães.

É importante e necessário, mesmo, demonstrar aos cães, o que queremos, pois eles não podem adivinhar as nossas intenções e, portanto, o que devem fazer. Devemos nos lembrar também, de que os cães sabem e podem se comunicar com os homens, naturalmente à sua maneira, bastando que saibamos interpretá-la, para os compreendermos através da sua "linguagem".

COMO TIRAR AS "MANHAS" DOS CÃES

Por mais "bonitinho" ou engraçado que seja, não devemos deixar que os cãezinhos façam, quando pequenos, o que não vamos deixar que façam quando crescerem, como correr atrás de aves e de outros animais como gatos, p. ex.; roer objetos; deitar em camas, sofás, poltronas e cadeiras; pular cercas e portões; caçar carros que passam na rua ou estrada; roubar comida; "sujar" dentro de casa; latir muito, etc.

Os cães, devemos nos lembrar, reconhecem o dono mais pelo "cheiro" do que pela visão. Além disso, eles não entendem as palavras mas reconhecem, apenas, os sons e os seus tons, reagindo de acordo com eles e não com as palavras que lhes são dirigidas. Quando os cães levantam e esticam a pata para uma pessoa, isso significa que estão querendo ou pedindo alguma coisa, pois esse era o gesto que faziam quando mamavam e esticavam as patas para empurrar as mamas da cadela, das quais saía o leite com o qual se alimentavam.

Outra coisa importante é dar aos cães objetos ou brinquedos como bolas, ossos artificiais, etc., para que se acostumem com eles e tenham com o que brincar, quando ficarem sozinhos em casa, e não peguem coisas que não devem como chinelos, sapatos, almofadas, tapetes, etc., pois não há dúvida de que os estragarão.

COMO EVITAR QUE O CÃO ARRANHE A PORTA PARA ENTRAR OU SAIR DE CASA

Quando querem entrar ou sair de casa, muitos cães começam a arranhar a porta com as unhas e ainda ficam "chorando" ou ganindo para que alguém vá abri-la para ele. Essa "mania" deve ser combatida porque, além de incomodar, devido ao barulho, os cães ainda estragam a porta, arranhando a sua pintura.

A solução para esse problema é combater esse mau hábito do cão. Para isso, quando ele começar a arranhar a porta, devemos com energia dar-lhe a ordem "NÃO". Se ele tornar a arranhá-la, dizemos "NÃO", com mais energia e, com um jornal enrolado, damos uma pancada no seu focinho e repetimos "NÃO". Isso, em geral, é o suficiente para que o cão não mais arranhe a porta da casa.

NÃO MEXER NAS COISAS

O cãozinho deve ser ensinado a não mexer nas coisas e nem roer chinelos, sapatos, toalhas, almofadas, "enfeites", tapetes, móveis, etc. O melhor, mesmo, é tirar do seu alcance tudo o que for possível, até que ele aprenda a não mexer no que não deve.

O treinamento começa quando lhe damos brinquedos para que se distraia com eles, tendo o que fazer e se desinteresse pelos objetos existentes na casa. Temos, para isso, as bolas, atrás das quais eles correm, perseguindo-as e satisfazendo, assim, o seu instinto de caçador, muito desenvolvido no cocker spaniel e os ossos artificiais ou mesmo um osso grande, como o mocotó de boi, porque, pelo seu cheiro, atrai mais o cão do que qualquer outro objeto que possa encontrar.

Importante, também, é lhe ensinarmos o que é permitido e o que é proibido, o que fazemos principalmente através da ordem "NÃO", como já o mencionamos.

A VIR ATÉ ONDE ESTÁ O DONO

Quando o cão for chamado "AQUI", deve obedecer e correr, imediatamente, para o seu dono, não parando para nada. Para que ele o faça de boa vontade e alegre, é necessário que, ao chegar, principalmente no início do treinamento, seja recebido com agrados, carinho e até com guloseimas, mesmo que ele não haja obedecido, com a devida rapidez, pois isso vai sendo corrigido durante o treinamento, porque o animal sabe que vai ser bem recebido.

Nas primeiras aulas, se necessário, o cão pode ser preso a uma guia de 20 a 30 m de comprimento, para ser puxada quando ele não obedecer imediatamente a chamada, ou seja, a ordem "AQUI' e não vier correndo para o seu dono e parar sentado à sua frente, assim permanecendo até receber nova ordem que, em geral é "JUNTO", para ele se sentar do lado esquerdo do dono. Se o cão não vier quando for chamado, não devemos ir onde ele está ou dele nos aproximarmos, mas obrigá-lo a obedecer. Ele pode ser treinado da mesma forma, mas para obedecer quando o chamamos com um assobio, um apito comum ou até com um apito especial que emite freqüência de onda que o ouvido humano não detecta mas que o cão escuta muito bem.

A ANDAR JUNTO AO DONO

Para passearmos normalmente, com um cão, devemos ensiná-lo a andar junto, no mesmo passo, sem nos "arrastar" e sem parar por qualquer coisa e a toda hora. O seu treinamento, para isso, deve ser feito da seguinte maneira: 1 – fazer o cão andar sempre do nosso lado esquerdo, na mesma direção e com a cabeça na altura do nosso joelho; 2 – se ele se afastar, batemos com a mão na nossa perna esquerda e damos a ordem "JUNTO"; 3 – andamos sempre, mais ou menos na mesma velocidade ou no mesmo passo que o cão, não o deixando acelerar ou atrasar e, para isso, puxamos a sua guia; 4 – nas primeiras aulas, andamos somente em linha reta mas, nas seguintes, devemos fazê-lo em diversas direções; 5 – para o cão não se cansar muito, as aulas devem durar 10 a 20 minutos; 6 – não bater no cão, com a sua guia, para que ele não relacione a guia a um castigo; 7 – elogiá-lo e fazer-lhe carinhos, sempre que ele fizer bem os exercícios; 8 – só castigar o cão se isso for absolutamente necessário; 9 – dizer-lhe energicamente "NÃO", quando fizer alguma coisa errada, mas agradá-lo, dizendo-lhe "MUITO BEM", quando o merecer.

Quando o cão andar normalmente "JUNTO", sem necessidade de "puxões" na guia, é sinal de que já pode ser treinado sem ela. No primeiro dia, no entanto, é melhor mantê-lo na guia mas, durante o passeio e sem que ele o perceba, soltamos a guia, mas continuamos normalmente, sempre andando e dando as ordens. Se não houver nenhum problema, continuamos os exercícios sem a guia mas, se for necessário, basta prender o cão novamente e continuar os trabalhos.

Durante os exercícios devemos "conversar" bastante com o cão, para que haja um maior entrosamento entre nós e ele mas, no caso de ele estar na guia, devemos mantê-la esticada, mas sem forçá-la, para puxá-la quando necessário.

SENTAR

Treinar um cão a sentar é muito fácil: basta, com o cão parado: 1 – pegar a guia com uma das mãos e a puxar para cima 2 – colocar a outra mão sobre a anca do cão, fazer uma pressão para baixo, dar a ordem "SENTA" e, assim, o manter sentado; 3 – caso o cão tente se levantar, forçá-lo a permanecer sentado e, com energia, dar a ordem "SENTA", elogiando-o se ele obedecer.

A SENTAR SÓ NAS PERNAS TRASEIRAS, MAS NA VERTICAL

Para que o cão aprenda a ficar nessa posição, devemos agir da seguinte maneira: 1 – dar a ordem "CUMPRIMENTA", para que ele fique sentado normalmente; 2 – em cada uma das mãos, seguramos uma das patas da frente do cão e a levantamos para que ele fique com o corpo na posição vertical e, ao mesmo tempo, o vamos ajeitando de tal maneira que o animal mantenha um certo equilíbrio, conseguindo, assim, ficar nessa posição depois de poucas aulas. É importante também que, durante todo o treinamento, quando ele ficar na posição certa, o elogiemos e o agrademos, para que ele se sinta mais estimulado a aprender.

A DEITAR

Não há dificuldade para ensinar um cão a deitar-se, quando mandado. Devemos, para isso: 1 – mandar o cão sentar-se; 2 – pegar as suas pernas da frente, levantá-las, esticá-las um pouco para a frente e depois as colocar, esticadas, no chão; 3 – com a mão sobre a sua cernelha, fazemos pressão para baixo e 4 – obrigamos o cão a ficar nessa posição, dando-lhe a ordem "DEITA". Ele só pode se levantar quando receber uma ordem para isso.

Podemos, também, ensinar o cão a deitar-se, mas de outra maneira, bem diferente. Para isso, com uma das mãos, pegamos a guia junto à coleira e a forçamos para baixo, enquanto que, com a outra mão e ao mesmo tempo, forçamos o corpo do cão para baixo dando, também, a ordem "DEITA".

Há, ainda, uma 3ª maneira para ensinar o cão a deitar: 1 – passar a guia por baixo da sola de um dos nossos sapatos, usando-o como uma roldana ou talha; 2 – puxar a guia para cima, o que força o pescoço do cão para baixo e, ao mesmo tempo, damos a ordem "DEITA". Após alguns dias de treinamento, logo que recebe a ordem "DEITA", o cão se deita e fica assim, até receber um novo comando para se levantar.

A PEGAR OBJETOS

Quando o cão receber a ordem "PEGA", deve pegar imediatamente, com a boca, o objeto que lhe foi indicado, e o trazer para o seu dono. Esse treinamento é relativamente fácil e em pouco tempo o cão vai logo buscar o que lhe mandarem.

TREINAMENTO PARA AS ORDENS "NÃO" E "PEGA"

Adotamos sempre, e com ótimos resultados, como treinamento para os cães obedecerem as ordens "NÃO" e "PEGA", o seguinte método: 1 – pegamos uma cordinha de uns 2 a 3 m de comprimento e, em uma de suas pontas, amarramos um pequeno objeto, de preferência que o cão já conheça; 2 – colocamos o cão de pé, parado na nossa frente e mais ou menos a uma distância equivalente ao comprimento da cordinha; 3 – passamos a rodar a cordinha bem devagar, o que faz o objeto preso à sua ponta se movimentar em círculo, passando, a cada volta, perto da cabeça do cão. Este o vai seguindo com o olhar e, ao mesmo tempo, vamos dizendo "NÃO", para o cão não abocanhar o objeto, quando passar próximo e pouco acima de sua cabeça; 4 – quando o cão menos espera, no entanto, damos a ordem "PEGA" e ele o abocanha quando passa perto dele; 5 – quando o cão está segurando o objeto na boca, devemos acariciá-lo e elogiá-lo bastante e depois dar a ordem "LARGA", voltar a elogiá-lo e agradá-lo e continuar o mesmo exercício, girando a cordinha, mas alternando as ordens "NÃO" e "PEGA". Com o correr dos exercícios, vamos aumentando a velocidade e a altura do objeto, para que o cão pule cada vez mais rápido e mais alto.

Esse exercício é muito bom, não só para ensinar obediência ao cão, mas também para melhorar o seu preparo físico e como treinamento para ele saltar e pegar objetos em movimento, o que ele passa a fazer com muita facilidade.

Com esse treinamento, o cão obedece rigorosamente as ordens e, mesmo que o objeto encoste em seu focinho ou boca já aberta, ele não o abocanha, se receber a ordem "NÃO".

PEGA E LARGA

Esse exercício nada mais é do que uma segunda etapa do treinamento anterior, com o qual se confunde, pois basta ensinar o cão a obedecer a ordem "LARGA", para completar esse treinamento.

Para obter os resultados esperados, devemos: 1 – usar, de preferência, o mesmo objeto utilizado no treinamento anterior, atirá-lo longe do local em que estamos com o cão e lhe dar a ordem "PEGA"; 2 – o animal sai em disparada para pegar o objeto, retorna e senta à nossa frente, com ele na boca; 3 – dar a ordem "LARGA", para que o cão o solte, imediatamente, no chão.

Esse treinamento é completado com a ordem "PEGA", para que o cão ataque ou somente espante pessoas ou animais e depois a ordem "NÃO" para que ele suspenda o ataque, não as perseguindo ou mordendo.

A PARAR DE LATIR

Quando um cão tem a mania de latir a toda hora, isso se torna desagradável, não só para o seu dono, mas também irrita até os vizinhos. Por esse motivo, devemos ensinar o cão a parar de latir, quando o mandarmos. Para isso, lhe damos a ordem para latir e depois a ordem "QUIETO", para ele se calar. Esse exercício deve ser repetido até o cão obedecer normalmente.

O treinamento para fazer o cão parar de latir pode ter uma segunda etapa, que consiste em darmos a ordem "QUIETO" e, ao mesmo tempo, fazermos o sinal **mão aberta**, com os dedos bem separados, com a palma da mão para baixo e com um movimento rápido, no sentido horizontal. Se ele não obedecer e continuar a latir, devemos colocar a mão na frente do seu focinho, porque ele se cala. Podemos, depois, em uma terceira etapa do treinamento, fazer o cão parar de latir, mas apenas com o sinal da mão aberta.

NÃO PEGAR COMIDA ACHADA OU DADA POR ESTRANHOS

Para o cão não pegar e comer os alimentos que encontrar em qualquer lugar ou que lhe sejam oferecidos por estranhos, o melhor é que ele aprenda, desde pequeno, a só comer no seu próprio prato e que este, de preferência, seja colocado em um suporte, que o eleve do chão ou mesmo sobre um caixotinho, um banquinho, etc., mas que fique, sempre, no mesmo local.

Não devemos deixar o cão ficar em volta da mesa, nas horas das refeições ou andando pela cozinha ou copa, catando pedaços de pães, doces ou outros alimentos, pois isso prejudica o seu treinamento, porque o cão que come a qualquer hora, sem um local certo e um horário regular, se ficar com fome, começa a roubar a comida que encontrar pois, para ele, não há diferença entre pedaços ou restos de alimentos encontrados no chão e um bom pernil, sobre a mesa: tudo é a mesma coisa, pois tudo, para ele, é só comida.

O treinamento do cão para não comer o que encontra ou o que lhe é dado por estranhos deve ser feito da seguinte maneira: 1 – segurar o cão pela guia; 2 – pedir a um desconhecido que lhe jogue um pedaço de carne; 3 – quando o cão vai pegá-lo, damos energicamente a ordem "NÃO" e ele não o abocanha; 4 – caso o cão não obedeça a ordem e insista em pegar a carne, devemos dar-lhe uma pancada com um jornal enrolado e, ao mesmo tempo, repetimos, bem zangados, a palavra "NÃO".

Quando, após algumas aulas, o cão não tentar mais abocanhar o alimento oferecido por estranhos, podemos passar à segunda fase do treinamento, cujo objetivo é evitar que ele abocanhe os alimentos que, por acaso, encontre nos locais pelos quais costuma passar (jardins, praças, etc.) ou ser solto para correr livre, o que significa bons exercícios para ele.

O treinamento para isso consiste em colocarmos um pedaço de carne, mas sem que o cão o perceba, em um local em que costumamos levá-lo, normalmente. O cão não demora a descobrir a comida mas, assim que ele tentar abocanhá-la, dizemos, energicamente, "NÃO". O cão obedece, não toca na carne, mas fica por perto dela.

Mandamos então, que o cão se deite, dele nos aproximamos e repetimos a ordem "NÃO". Vamos, depois, dele nos afastando, mas prontos para repetirmos a ordem "NÃO", se for necessário.

Temos, ainda, uma terceira etapa nesse treinamento e que consiste em darmos ao cão a ordem "FIQUE LÁ". Vamos, depois, nos afastando, saindo do campo visual do cão, ficando dele escondidos, para que possamos vigiá-lo para não deixá-lo pegar a carne.

Para que o cão, no entanto, fique com um treinamento completo, devemos colocar as mais variadas comidas espalhadas em diferentes locais, soltando-o depois, mas o vigiando sempre, para dar-lhe a ordem "NÃO" quando ele fizer menção de abocanhar alguma delas. Essa lição deve ser repetida quantas vezes forem necessárias, até que ele não mais tente abocanhar as comidas que achar pelo caminho, o que é mais difícil para o cocker, um comilão.

Temos, ainda, um outro recurso para quando o cão não quiser obedecer as ordens e, por isso, não aprende e pega as comidas que encontra: é o método das **iscas com gostos desagradáveis** ou mesmo ruins como, p. ex., o de pimenta. Quando, porém, esse método não resolve o problema, podemos lançar mão do **choque elétrico**, mas que deve ser bem fraco. Ligamos, para isso, um fio elétrico a um pedaço de carne ou a outro alimento para o cão. Quando ele encosta no alimento leva um choque e o larga imediatamente.

Nesse método, devemos utilizar vários tipos de alimentos como iscas, colocando-as em locais diferentes, para que o cão associe: alimento encontrado em qualquer lugar fora do seu prato, dá choque, dá dor.

Esse treinamento é muito importante porque, quando o cão come somente no seu prato, na casa do seu dono, não corre o perigo de ingerir alimentos estragados, contaminados ou envenenados, que poderão lhe causar grandes sofrimentos e até a morte por intoxicações ou envenenamentos, muitas vezes provocados por assaltantes ou por vingança contra ele ou o seu dono.

A BUSCAR UM OBJETO

Por natureza, e desde filhote, o cão já tem a "mania" de pegar e de carregar para a sua casa ou a sua cama, todos os objetos que encontra. Por esse motivo, o seu treinamento para buscar objetos se torna muito mais fácil, pois é necessário, apenas, ensiná-lo a ir buscar objetos quando for mandado, a trazê-los de volta e a entregá-los à pessoa que lhe deu a ordem.

Devemos começar o treinamento com objetos que o cão esteja vendo e depois, com objetos escondidos, que ele tem que procurar e encontrar, para que possa pegar e trazer para o seu dono.

O esquema para esse treinamento deve ser o seguinte: 1 – balançamos o objeto na frente do cão e damos a ordem "TOMA", até que ele o segure com os dentes; 2 – ao mesmo tempo em que fingimos que vamos tirar o objeto da sua boca, damos a ordem "SEGURA", "SEGURA"; 3 – quando o cão segura o objeto e não o quer largar, começamos a nos afastar aos poucos, mas repetindo "SEGURA", "SEGURA"; 4 – depois de nos distanciarmos um pouco, voltamos, seguramos o objeto com as duas mãos e, com cuidado para não ferir a boca do cão, puxamos o objeto e damos a ordem "LARGA". Se ele não quiser soltar o objeto, damos um sopro no seu nariz, o que, em geral, dá resultado.

Quando, no início do exercício, o cão não quiser segurar o objeto, devemos abrir a sua boca e colocá-lo nela, mas na posição certa, entre os seus dentes. Devemos, depois, comprimir a sua mandíbula, pela sua parte de baixo, mantendo a boca do animal fechada, mas dando, ao mesmo tempo, a ordem "TOMA", "TOMA".

Depois que o cão segurar o objeto na boca, só o deve largar se receber a ordem "LARGA". Com o treinamento, o cão passa a só segurar ou largar o objeto, se receber as ordens para isso. Quando ele já estiver bem treinado, deve pegar, também, objetos jogados na hora, para ele ir buscar, recebendo as ordens "TOMA" e "BUSCA" e depois, somente "BUSCA". O haltere, seja de madeira ou de plástico, é o melhor objeto para esse treinamento do cão.

Para facilitar os exercícios podemos, no seu começo, prender o cão a uma guia de 10 a 20 m de comprimento, pois logo que ele pegar o objeto jogado, devemos dar-lhe a ordem "AQUI" e, ao mesmo tempo, puxar a guia, para que ele não ande devagar, fique brincando ou se distraia com outras coisas.

Quando o cão chegar e se sentar à nossa frente, devemos logo acariciá-lo, elogiá-lo e depois dar a ordem "LARGA", pegar o objeto e, em seguida, dar a ordem "JUNTO", mas elogiando-o e o acariciando bastante, pelo exercício bem feito.

Nosey's Club Blue Kewin Boy: não nega a sua origem de cão de caça a aves aquáticas: feliz no elemento de que tanto gosta, a água.

O cão passa, depois, a trabalhar sem a guia e o objeto é colocado cada vez mais longe. Devemos ensinar-lhe, também, que só deve correr para buscar o objeto, quando receber a ordem "BUSCA" e não na hora em que o objeto está sendo atirado. Quando o cão estiver muito indócil para sair correndo, o melhor é mandá-lo deitar, com a ordem "DEITA". Quando ele demora muito a voltar, vindo devagar, o melhor é chamá-lo, pois não devemos, nunca, ir atrás dele ou onde ele estiver.

A GUARDAR VEÍCULOS E OUTROS BENS

Embora não seja um cão de guarda, o cocker spaniel pode ser treinado para tomar conta de objetos, inclusive malas e embrulhos; carros, motos; bicicletas, etc., não permitindo que estranhos mexam no que ele está guardando, mas não tomando nenhuma iniciativa, se o que ele estiver vigiando não for tocado pelo estranho. Quando, no entanto, a pessoa mexer nos objetos ou tentar roubá-los, o cão deve rosnar mostrando os dentes e se a pessoa insistir, ele deve atacá-la. Também a casa em que vive pode ser por ele guardada.

A NADAR

O cocker spaniel não só gosta de água, mas é um ótimo nadador, bastando, apenas, ensiná-lo a pular na água, quando o mandarmos e a sair dela, quando o chamarmos.

Embora seja um bom exercício para o cão, a natação deve ser controlada, para que o animal não se canse muito. É por esse motivo que devemos tomar cuidado para que o cão não entre ou não caia em uma piscina, principalmente quando suas bordas são altas em relação ao nível da água, para evitar que, não conseguindo dela sair, fique exausto e possa morrer afogado.

É aconselhável dar um banho no cocker, depois que ele acaba de nadar, para retirar o cloro ou outros resíduos existentes na água em que ele nadou, e que ficaram aderidos a seu corpo.